475,-
D1936371

Unbegrenzte Lebenskraft durch Tachyonen

Christian Opitz

Unbegrenzte Lebenskraft durch Tachyonen

Hans-Nietsch-Verlag

© Hans-Nietsch-Verlag, 1996
Alle Rechte vorbehalten.
Nachdruck, auch auszugsweise, nur mit ausdrücklicher Genehmigung des Verlages gestattet.

1. Auflage Oktober 1996
2. Auflage März 1997

Satz: Plejaden Publishing Service GmbH, Boltersen
Titelgestaltung: Bettina Zagel
Illustrationen: Tjeerd J. Ytsma

ISBN 3-929475-34-0
Hans-Nietsch-Verlag, Brabanter Str. 112, 52525 Waldfeucht

Inhalt

Was ist Tachyon-Energie?

Tachyon-Energie ist die kosmische Urenergie, aus der das Universum hervorgeht. Diese kosmische Energie wurde in allen spirituellen Traditionen beschrieben und im 20. Jahrhundert von Pionieren der ganzheitlichen Physik wiederentdeckt. Sie existiert in einem formlosen Zustand, der Nullpunkt-Energie oder freie Energie genannt wird, sowie im geformten Feld oder Partikel, das Tachyon genannt wird.

Der Begriff Tachyon wurde 1966 von Gerald Feinberg für die Partikel der kosmischen Energie eingeführt. Das Wort Tachyon leitet sich aus dem griechischen Ausdruck für „hohe Geschwindigkeit“ ab und bezieht sich darauf, daß sich Tachyonen mit Überlichtgeschwindigkeit bewegen.

Tachyonen enthalten in sich alle Energieformen, die dem Menschen zur Wiedereingliederung in die Ordnung des Universums dienen. Die Nutzung der Tachyon-Energie stellt einen Quantensprung in eine Lebensweise dar, die Gesundheit und Harmonie für den einzelnen wie für die ganze Erde bewirkt.

Vorwort

Heilenergiearbeit durch Tachyon-Energie zu unterstützen ist eine wunderbare Idee. Meine Erfahrungen mit Heilen gehen auf mehr als dreißig Jahre zurück. Damals war es zunächst die Akupunktur, die mich mein Vater gelehrt hatte und durch deren Anwendung ich erstaunliche Ergebnisse erfahren durfte. Erst durch ein Kind, das mit schweren Asthmaanfällen zu kämpfen hatte und sehr sensibel war, kam ich auf die Idee, nur mit meinen Händen eine Energieübertragung durchzuführen. Zu meinem Erstaunen war dieses Kind daraufhin sofort und anhaltend beschwerdefrei. So arbeitete ich weiterhin mit meinen Händen und durfte am 3. Dezember 1992 sogar in der Stoa von Daskalos und unter seiner Führung bei acht Personen Heilarbeit ausführen. Durch Ron Carson, einem hervorragenden Therapeuten aus den USA, wurde ich in die Kristallenergiearbeit nach Dr. Marcel Vogel eingewiesen., Das war zu dieser Zeit eine hervorragende Unterstützung für meine Heilarbeit, war es doch nun möglich, eine hochpotente Heilenergie durch die von dem amerikanischen Wissenschaftler Dr. Marcel Vogel entwickelte Technik in einem Kristall zu speichern und für Heilzwecke wieder freizusetzen. Das erleichterte mir meine Arbeit am Klienten insofern, daß ich mit Hilfe des Kristalls so gezielt wie mit einem Laser die Heilenergie an die Stelle senden konnte, wo sie benötigt wurde.

Und nun kam, wieder aus den USA, Anfang 1996 der nächste Quantensprung auf mich zu. Ich durfte David

Wagner und Christian Opitz und die Tachyon-Energie kennenlernen. Bisher kannte ich Tachyon-Energie nur aus der Literatur, die es über den Erfinder Nikola Tesla gibt. Dabei wird dieses Thema meist nur im Zusammenhang mit Schwerkraft-Feld-Generatoren behandelt, die in der Lage sind, aus dem Tachyon-Energiefeld des Weltraums, das überall vorhanden und schneller als Licht ist, mehr Energie zu produzieren, als zum Betreiben des Generatoren nötig ist.*

David Wagner ist es nun zu verdanken, in langwieriger Entwicklungsarbeit einen Konverter entwickelt zu haben, der es ermöglicht, diese Energieform ausschließlich für Heilzwecke verwenden zu können. In diesen Geräten werden die verschiedensten Gegenstände, die in diesem Buch erläutert werden, tachyonisiert. Sie werden also nicht nur energetisch aufgeladen, wie etwa eine Batterie, die sich im Laufe der Zeit wieder entlädt, sondern werden durch diese spezielle, von David entwickelte Technik so tachyonisiert, daß sie in der Lage sind, selbst in dieser extrem hohen Schwingung zu sein. Wobei die Bezeichnung Schwingung etwas abstrakt ist, da es eher ein extremes Pulsieren ist, das von der Wissenschaft als Gravitonen-, Tachyonen- oder Neutrinofeld bezeichnet wird.

Durch David Wagner und Christian Opitz, die in Practitioner-Seminaren die Anwendung der so tachyonisierten Produkte vermitteln, machte ich meine ersten Erfahrungen. Inzwischen kann ich sagen, daß durch die Tachyon-Produkte meine Heilarbeit eine außerordentliche Ergänzung und Unterstützung gefunden hat. Heilungsprozesse werden teilweise erstaunlich beschleunigt und intensiviert.

---

* Siehe Dr. Hans A. Nieper „Revolution in Technik, Medizin, Gesellschaft", MIT Verlag, Oldenburg

Ein besonderes Geschenk ist es für mich, daß ich von David einen vierundzwanzigseitigen Vogel-Cut-Kristall mit eingebauter Tachyon-Zelle erwerben konnte. Dieser begleitet mich auf allen Wegen und ist mein größter Unterstützer bei der Behandlung von Rückenproblemen oder Unfallverletzungen, da ich mit ihm auf einfachste und schnellste Art und Weise die Schock- oder Streßmuster im Zellbereich auflösen kann.

Was ich als besonders wichtig erachte, ist die Wiederherstellung der vertikalen Ausrichtung unserer Chakras. Diese Vertikalisierung, die beispielsweise auch in tiefer Meditation erreicht, aber selten auf Dauer aufrechterhalten wird, kann nun durch eine von David Wagner entwickelte Möglichkeit bei jedem wieder hergestellt und aufrechterhalten werden. Durch diese bleibende Vertikalisierung ist es mir jetzt noch mehr als bisher möglich, während meiner Seminar- oder Einzelarbeit wahrzunehmen, was in der Gruppe oder Einzelperson gerade für Prozesse ablaufen. Die freigesetzte Energie kann ich nun mit einem Atemzug durch alle Chakras von oben nach unten leiten, was einerseits die Wahrnehmung der Energien verdeutlicht, andererseits aber alles durch den vertikalen Prozeß auch sofort wieder ausgeschieden wird und nicht, wie bei der horizontalen Ausrichtung üblich, punktuell in einem der Chakras hängenzubleiben, was bisher eher schmerzhaft war und immer einige Zeit benötigte, bis das jeweilige Chakra wieder gereinigt wurde. Dadurch bleibe ich klarer und in meinem Herzen und meiner eigenen Energie. Und gerade das ist es, was für einen Großteil der Menschheit wichtig ist. In einer Zeit des Umbruchs, in der wir uns befinden, und da gibt es sicher niemanden, der daran zweifelt, daß dem so ist, ist es wichtig, daß möglichst schnell und möglichst viele in den Prozeß des Vertikalisierens gebracht werden. Nur dadurch bringen wir in der noch vorhandenen Zeit ein gewisses

Potential von harmonischen Menschen zusammen, die in der Lage sind, von der emotionalen Liebe zur umfassenden Liebe überzuwechseln. Denn nur das kann der Menschheit und der Erde Frieden bringen.

Es ist ein wahrer Glücksfall, daß der „Zufall" – manche Menschen glauben immer noch, daß es ihn gibt – Christian Opitz und David Wagner zusammengeführt hat. Ich bin Christian sehr dankbar für das vorliegende, mit sehr viel Fachwissen und flüssig geschriebene Buch. So bringt er auf seine Weise den Menschen das näher, was sie ins nächste Jahrtausend begleiten wird. Es ist das Jahrtausend der Tachyon-Energie, die, so Gott will, zum Wohl der Menschen benutzt wird.

Herbert Hoffmann

HERBERT HOFFMANN (geb. 1940) ist Mitglied im Deutschen Dachverband für geistiges Heilen e.V. und Autor des Buches „Wege in die Meditation" (Peter Erd Verlag). In Seminaren für Heilenergiearbeit, in Meditation, Kristall-Energiearbeit und in Selbsterfahrungs-Intensivseminaren gibt er seine langjährigen praktischen Erfahrungen weiter.

Einleitung

In den ersten drei Jahrzehnten des 20. Jahrhunderts entdeckte die moderne Wissenschaft die energetische Natur des Universums. Materie, so stellte sich heraus, besteht nicht aus festen Teilchen, sondern ist lediglich die stärkste Verdichtung von Energie. Alles, was innerhalb des manifestierten Universums existiert, ist bewegte Energie in verschiedenen Verdichtungsgraden.

Nun, an der Schwelle zu einem neuen Jahrtausend, die von vielen spirituellen Traditionen als ein Übergang in ein neues harmonisches Zeitalter angesehen wird, beschäftigen sich immer mehr Menschen, Wissenschaftler wie Laien, mit den Wechselwirkungen der Energien unseres Universums. Neue Nutzungsmöglichkeiten bislang ungenutzter Energieformen werden gesucht und zunehmend gefunden. Freie Energie, Tachyon-Energie, Raum-Quanten, Orgon-Energie, Prana-Heilung, Reiki und viele andere Themenbereiche der Erforschung und Anwendung von Energien begegnen uns in ganzheitlich orientierten Wissenschaftsmagazinen oder auf Esoterik- und Heilungsmessen. So wichtig und wertvoll diese Entwicklung auch ist, sie führt doch noch vielfach zu einer Verwirrung bei den Menschen, die an diesen Themen interessiert sind. Die angebotenen Informationen erklären zumeist detailliert die Wirkungsweise einer bestimmten Anwendungsmethode von Energie, ohne dabei eine solide Wissensbasis über die energetische Natur unserer Welt zu vermitteln.

In diesem Buch wird die direkteste und vollständigste Nutzung von Energie für die körperliche und geistige

Heilung und Entwicklung des Menschen vorgestellt, die derzeit durch Technologie auf diesem Planeten erhältlich ist: die Anwendung von Tachyon-Energie, die auf den Erfindungen und Prinzipien des Amerikaners David Wagner beruht.

Um dem Leser im begrenzten Rahmen dieses Buches eine möglichst vollständige Wissensgrundlage zu vermitteln, beschäftigen wir uns zunächst mit einigen einfachen physikalischen Konzepten, die das Universum als energetisches Gebilde erklären. Diese Konzepte werden im 1. Kapitel erklärt, wobei auf den Gebrauch von Fachterminologie bewußt verzichtet wurde. Nach diesem Überblick wird dann im 2. Kapitel auf die praktische Anwendung von Tachyon-Energie zu therapeutischen Zwecken eingegangen. Im 3. Kapitel wird schließlich aufgezeigt, wie durch den von David Wagner entwickelten, revolutionären Quality-of-One-Prozeß die spirituelle Entwicklung unter der Zuhilfenahme von Tachyon-Energie erheblich beschleunigt und vervollständigt werden kann.

Ich selbst habe in meiner Arbeit im Bereich der ganzheitlichen Heilung immer nach den effektivsten Methoden gesucht, um Menschen körperlich, emotional und spirituell zu helfen. Obwohl ich schon einige sehr effektive Methoden kannte, blieben manche Fragen offen, manche Probleme ungelöst. Tachyon-Energie hat mir die Antworten auf die offenen Fragen gegeben, sie war das fehlende Glied in der Kette, die den Menschen mit der kosmischen Ordnung verbinden kann. Ich bin davon überzeugt, daß Tachyon-Energie eines der wertvollsten Geschenke ist, die je der Menschheit für ihre Heilung und damit für die Heilung der Erde gegeben worden ist. Ich hoffe, daß dieses Buch dieses Geschenk ein wenig erklären und den Menschen zugänglich machen kann, so daß alles Leben auf der Erde davon profitieren möge.

Christian Opitz
Hamburg, im August 1996

1

Wandel im Weltbild der Wissenschaft

Die Menschheit sieht sich an der Schwelle zum nächsten Jahrtausend mit einer multidimensionalen Krise konfrontiert, die alle Lebensbereiche umfaßt. Die globale Umweltzerstörung, eine auch in den industrialisierten Ländern immer weiter um sich greifende Armut, zunehmende Gewaltbereitschaft, eine dramatische Zunahme chronischer Krankheiten, ein ins Chaos ausuferndes Wirtschafts- und Geldsystem, Rassismus, die immer noch weitverbreitete Unterdrückung der Frauen – wir sind da in einen ganz schön tiefen Schlamassel hineingeraten. Glücklicherweise birgt jede Krise auch ihre natürliche Lösung in sich, und immer mehr Menschen wenden sich heute einer lösungsorientierten, lebensfördernden Lebensweise zu.

Da Sie dieses Buch lesen, in dem es um eine große Bereicherung für eine solche Lebensweise geht, gehören Sie sicherlich zu diesen Menschen, die nach einer positiven Entwicklung für sich selbst und alles Leben auf der Erde stehen. Als solch ein bewußter Mensch haben Sie sich wahrscheinlich mit Themen wie ganzheitlicher Heilung, mentaler, emotionaler und spiritueller Entwicklung, Tiefenökologie etc. beschäftigt. Oder wenn dieses Buch Ihren Einstieg in diese Bereiche darstellt, werden Sie dies höchstwahrscheinlich in der Zukunft tun. Für den Interessierten gibt es derzeit ein nicht mehr überschaubares Angebot an Konzepten und Methoden, die uns auf natürliche und ganzheitliche Art zu mehr Gesundheit, Lebensfreude, Ausgeglichenheit und zur

Entfaltung unseres spirituellen Potentials verhelfen sollen. Meditation, Reiki, Chakra-Heilung, Ayurveda, Aura-Soma, Bach-Blüten, Yoga, Qi-Gong, NLP, Feuerlaufen, Atemtherapie, Fasten, lebendige Nahrung, MerKaBa und viele andere Dinge sollen unserem Leben mehr Qualität und Erfüllung geben. Bei allen guten Auswirkungen, die durch solche Methoden erzielt werden, kann man doch vielfach feststellen, daß ein wichtiges Element für die Umgestaltung des menschlichen Bewußtseins fehlt oder nur mangelhaft vorhanden ist: die Vermittlung eines wirklich in sich geschlossenen, ganzheitlichen Weltbilds, das uns Klarheit über unsere Entwicklung gibt und die Grenzen und Fehler des bisher dominierenden, materialistischen Weltbilds aufzeigt. Bei aller Liebe zur Einfachheit und Ausgewogenheit von Fühlen und Denken ist eine gewisse Klarheit über die kosmischen Ordnungsmechanismen doch hilfreich, wenn man im wuchernden Esoterik-Dschungel nicht verwirrt werden will.

Die Tachyon-Energie, die in diesem Buch vorgestellt wird, ist eine wunderbare Bereicherung für ein Leben, das auf Harmonie statt Machtstreben, Integration statt Konkurrenz, Heilung von Körper, Geist und Seele und unbegrenzte Freude ausgerichtet ist. Um aber den maximalen Nutzen aus Tachyon-Energie ziehen zu können, ist es hilfreich, sich zunächst ein ganzheitliches Weltbild zu verinnerlichen, das ein tiefes Verständnis der Wirkung und Anwendung der Tachyon-Energie ermöglicht.

Das kartesianische Weltbild

Die vielen Krisen in den diversen Aspekten des Lebens, mit denen wir es heutzutage zu tun haben, sind in Wirklichkeit ein vernetztes Problem, verschiedene Symptome einer einzigen Krise, nämlich der einer gestörten Wahrnehmung des Lebens. Das Weltbild, das immer noch das Denken und

Handeln der meisten Menschen, Institutionen und Regierungen bestimmt, ist völlig unzureichend, um die Gesetzmäßigkeiten des Universums und des Lebens auch nur annähernd zu verstehen. Solange dieses, als das kartesianische Weltbild bezeichnete Paradigma vorherrscht, sind alle Lösungsansätze für unsere individuellen und globalen Probleme nur eine oberflächliche Symptombehandlung. Da wir nicht erwarten können, daß von „oben", von Seiten der Politik und der anderen Autoritäten wie Wissenschaft, Kirchen etc. großartige Veränderungen zum Segen der Schöpfung kommen, sind wir aufgerufen, uns selbst aus den Begrenzungen des kartesianischen Weltbilds zu befreien und eine harmonische Zukunft in und durch uns zur Gegenwart werden zu lassen.

Das kartesianische Weltbild entstand in der Zeit von 1500 bis 1700 n. Chr. in seinen Grundzügen und hat bis heute alle Wissenschaftsbereiche, Gesellschaftsordnungen, die Politik, ja sogar viele religiöse und philosophische Strömungen erfaßt. Der Zeitraum der Entstehung des kartesianischen Weltbilds war eine Periode großen Verlangens nach geistiger Freiheit. Die Menschen in der christlichen Welt waren gerade durch eine jahrhundertelange Zeit der Unterdrückung durch die Kirche gegangen, in der jedes Freiheitsstreben im Keim erstickt wurde. Obwohl das Weltbild des Mittelalters durch christliche und altgriechische Einflüsse ganzheitliche Ansätze in sich trug, wurde es doch von den Kirchen derart modelliert, daß es ihnen als Grundlage für eine praktisch grenzenlose Machtausübung diente. Wer den Dogmen des Klerus widersprach, endete zumeist auf einem Scheiterhaufen,. Dabei war das kirchliche Weltbild ja in vielen Gesichtspunkten sehr unlogisch, und ein Übermaß an Güte war auch nicht sein hervorstehendes Merkmal. Vor allem die nach einem tieferen Verständnis vom Leben strebenden Geister der Wissenschaftler sehnten sich natürlich sehr nach einem Ausbruch aus der einengenden Dogmatik.

Ein wichtiges Element des kirchlichen Weltbilds war der blinde Glaube, der schon einen kleinen Zweifel am Dogma als Ketzerei erscheinen ließ. Der Drang der Wissenschaftler richtete sich deshalb verständlicherweise auf eine Art von Wissen, die logisch, beweisbar und frei von der Notwendigkeit des blinden Glaubens war.

Die wissenschaftliche Revolution begann mit Nikolaus Kopernikus, der das geozentrische Weltbild von Ptolemäus und der Bibel zu Fall brachte. Ihm folgten Johannes Kepler und Galileo Galilei, der die Wissenschaft auf meßbare Faktoren der zu untersuchenden Objekte beschränkte. Subjektive Eigenschaften, Intuition und alles, was nur mit dem Gefühl erfaßt werden kann, wurden aus der Wissenschaft verbannt. Somit waren wichtige Grundlagen für das kartesianische Weltbild geschaffen.

Descartes und Newton

René Descartes und Isaac Newton waren die für die Entstehung des kartesianischen Weltbilds wohl wichtigsten Persönlichkeiten. Als brillanter Mathematiker war Descartes zutiefst von rationalem Denken geprägt. Im Alter von 23 Jahren hatte er ein visionsartiges Erlebnis, in dem er eine Wissenschaft vor seinem geistigen Auge sah, die durch vollkommene Logik und Objektivität absolute, objektive Erkenntnisse hervorbringen sollte. Die absolute Gewißheit wissenschaftlicher Erkenntnis wurde zur elementaren Grundlage des kartesianischen Weltbilds, aber bereits an diesem Ausgangspunkt irrte der große Descartes. Die Errungenschaften der Physik des 20. Jahrhunderts zeigen unmißverständlich auf, daß die Wissenschaft niemals dazu fähig sein kann, absolute und objektive Wahrheiten zu ermitteln. Die Wissenschaft kann sehr wohl Modelle der Wirklichkeit entwerfen, die uns helfen, viele Phänomene des

Lebens im Verstand nachzuvollziehen, aber absolute Wahrheiten bleiben der Wissenschaft und dem analytischen Verstand unerreichbar. Absolute Wahrheit kann man nur im Innersten der Seele erfassen – doch von solchen Erkenntnissen war man im 17. Jahrhundert noch weit entfernt...

Der Mann, der die Vision von René Descartes zur Wirklichkeit in der praktischen Welt werden ließ, war Isaac Newton. Er entwickelte eine vollständige mathematische Theorie vom Universum, die sicherlich eine der größten wissenschaftlichen Leistungen aller Zeiten darstellt. Von Newton stammt auch die Differentialrechnung, mit deren Hilfe es erstmals möglich war, die Bewegungsgesetze fester Körper vollständig zu beschreiben. Wie Descartes, so hat auch Isaac Newton die Entwicklung der Wissenschaft enorm bereichert. Es ist auch sicher gerechtfertigt zu be haupten, daß in der damaligen Zeit das kartesianische Weltbild ein notwendiger Schritt war, um das Denken aus des Klauen der Kirchendogmatik zu befreien. Durch den Anspruch an die Objektivität echter Erkenntnisse verloren die kirchlichen Autoritäten an Glaubwürdigkeit und somit an Macht, was auf jeden Fall einen wichtigen Fortschritt für die Entwicklung der Menschheit bedeutete.

Die Problematik des von Descartes und Newton entworfenen kartesianischen Weltbilds liegt also nicht in dem Werk dieser beiden Wissenschaftler, sondern hauptsächlich darin, daß bis heute die Grenzen und Fehler dieses Paradigmas nicht ausreichend erkannt und korrigiert worden sind.

Die drei Säulen des alten Weltbilds

Neben dem Anspruch an die wissenschaftliche Objektivität sind es drei besondere Prämissen, die das kartesianische Weltbild ausmachen: Materialismus, Mechanismus und Reduktionismus.

Descartes und Newton waren gläubige Menschen, aber sie gingen davon aus, daß Gott die Welt erschaffen und sich seither mit anderen Dingen beschäftigt hat. Spirituelle und materielle Ebenen des Daseins sind im kartesianischen Weltbild vollkommen voneinander getrennt, das materielle Universum ist nichts als eine Maschine, wie auch die Lebewesen nur Körpermaschinen sind. Seele, Geist und Gefühle des Menschen haben demnach nichts mit dem Körper zu tun und umgekehrt. Dieser materialistische Aspekt des kartesianischen Weltbilds hat die Entwicklung des Lebens auf der Erde gewaltig beeinflußt. Unsere so einseitig auf materiellen Gewinn und Komfort ausgerichtete Gesellschaft konnte nur auf der Grundlage des wissenschaftlichen Materialismus entstehen.

Die Medizin ist bis heute weitestgehend materialistisch, was sich dadurch äußert, daß körperliche Krankheiten zumeist nur auf der körperlichen Ebene diagnostiziert und behandelt werden. In welchem Krankenhaus beschäftigt man sich schon mit der Psyche des Patienten? Umgekehrt wird in der Psychotherapie nur die psychische Komponente des Menschen behandelt.

Gerade Medizin und Psychologie zeigen aber auf, wie falsch die materialistische Prämisse ist. Unser körperlicher Zustand richtet sich sehr stark nach unserem mentalen und emotionalen Programm. Liebe und Humor sind unschätzbar wertvolle Medikamente. Doch die Wechselwirkungen zwischen Geist und Körper gehen auch in die andere Richtung, viele psychische Störungen haben auch körperliche Ursachen.

Für die Zusammenhänge gibt es so viele Beweise, daß damit ganze Bücher gefüllt werden können. Daher an dieser Stelle nur ein paar spektakuläre Kostproben:

- Amerikanische Studien zeigen auf, daß Gewalt im Fernsehen eine deutliche Zunahme von Epilepsie bei Kindern bewirkt.
- Dr. Juri Nokolajew aus Moskau erzielte außergewöhnliche Heilerfolge bei Schizophrenie durch Fasten und vegetarische Ernährung.
- Ein Kind in Mexiko verlor ein Bein durch einen Unfall. Das Bein wuchs vollständig nach. Das Kind hatte dieses Phänomen bei bestimmten Lurchen beobachtet und daher geglaubt, so etwas sei ganz normal.
- Eine englische Studie berichtet, daß verhaltensgestörte, extrem aggressive Kinder durch eine Ernährungsumstellung innerhalb von zwei Wochen völlig normal wurden.
- Nach Untersuchungen von Dr. Norma Cousens ändert sich bei Schizophreniekranken der körperliche Zustand in dem Moment, in dem der Kranke in sein anderes Ich übergeht, in vielerlei Hinsicht. Es kann zu Änderungen des Blutdrucks, der Schweißzusammensetzung, des Muskeltonus, ja sogar der Augenfarbe und des Gewichts kommen.

Diese Liste ließe sich beliebig fortsetzen, aber ich denke, wir können uns an dieser Stelle darüber einigen, daß der Materialismus völlig ungeeignet ist, um das Mysterium des Lebens zu begreifen.

Mechanismus

Die mechanistische Sichtweise des kartesianischen Weltbilds sieht das Universum als eine Art Uhrwerk, in dem alle Vorgänge nach exakten, linearen Gesetzmäßigkeiten ablaufen. Der hohe Stellenwert von Messungen und Normierungen in der modernen Wissenschaft resultiert aus dem mechanistischen Ansatz. Besonders folgenreich sind auch hier die Auswirkungen auf die Medizin, die das

Leben immer mehr zu normieren versucht. Für alle möglichen Körperfunktionen werden Normwerte erstellt, für Gewicht, Puls, Blutdruck, Stuhl- und Harnzusammensetzung, Cholesterinwerte etc. Schon unsere Kinder müssen nach bestimmten Tabellen wachsen und zunehmen, um als „normal“ im Sinne von gesund zu gelten.

In der Ernährung zeigt sich der Mechanismus vor allem dadurch, daß viele Ernährungswissenschaftler glauben, exakte Mengen bestimmter Nähr- und Vitalstoffe ermitteln zu können, die uns eine optimale Kost garantieren.

Gerade in Medizin und Ernährungslehre wird deutlich, daß das Leben selbst wohl nicht viel von Normierungen hält, in die es hineingezwängt werden soll. Die angeblich genau ermittelbaren Optimalwerte für physiologische Vorgänge und Ernährungsbedürfnisse werden in vielen Fällen von verschiedenen Wissenschaftlern völlig unterschiedlich angegeben. Ob man Bluthochdruck, überhöhte Cholesterinwerte, Diabetes oder Untergewicht hat, hängt auch davon ab, in welchem Land man lebt oder welches Fachbuch der Arzt studiert hat. Im Ernährungsbereich ist das Chaos noch bunter. Die DGE (Deutsche Gesellschaft für Ernährung) gibt z.B. den täglichen Vitamin-C-Bedarf mit 75 mg pro Tag bei Erwachsenen an. Englische und amerikanische Ernährungsinstitute sprechen von 150 mg, 500 mg, 1.500 mg und manche auch von 10.000 mg täglich. Der Eiweißbedarf schwankt, je nach Experte, zwischen 30 g und 150 g pro Tag. Ja, was denn nun?

Wenn man sich nach dem „letzten Stand der Wissenschaft“ ernähren will, muß man seine Ernährung ca. alle vier Wochen umstellen.

Ganz offensichtlich befindet sich diese Art von Wissenschaft immer auf dem letzten Stand des Irrtums, was auch so bleiben wird, wenn sie nicht die heilige Kuh des Mechanismus einer höheren Weisheit opfert.

Reduktionismus

Die reduktionistische Vorstellung geht davon aus, daß die Welt aus kleinen separaten Bausteinen aufgebaut ist, die sich zu größeren Einheiten zusammensetzen. In der wissenschaftlichen Vorgehensweise führte dies zu einem Zerlegen eines Objekts in seine Einzelteile, die dann isoliert voneinander untersucht werden. Sicherlich kann dieses Vorgehen hilfreich sein, wenn es um die Erforschung spezifischer Details eines Untersuchungsgegenstandes geht. Bei der heute üblichen Überbewertung der reduktionistischen Vorgehensweise verliert die Wissenschaft jedoch leicht den Überblick über die großen Zusammenhänge. Das Leben ist immer sehr viel mehr als die Summe seiner Einzelteile.

In der Medizin hat der Reduktionismus zu einer ungeheuren Spezialisierung in der Erforschung des menschlichen Körpers und der Behandlung von Krankheiten geführt. Es gibt bald für jedes Krankheitsbild einen Facharzt. Trotz aller reduktionistischen Erkenntnisse über Einzelheiten in Anatomie, Physiologie und Pathologie breiten sich aber die chronischen Krankheiten immer mehr aus. Leben und Tod, Gesundheit und Krankheit können nicht auf ausschließlich reduktionistische Weise verstanden werden. Eine Umkehr zum vernetzten Denken ist unausweichlich, wenn wir nicht durch zunehmende Spezialisierung dahin geraten wollen, daß wir immer mehr von immer weniger wissen – bis wir eines Tages von nichts alles wissen.

Revolution durch die neue Physik

Ironischerweise wurde das kartesianische Weltbild im 20. Jahrhundert durch die Physik zum Einsturz gebracht, jene Wissenschaft, die mit Newtons Erkenntnissen dieses Weltbild ja einst zum Erfolg geführt hatte. Am Anfang der

Revolution in der Physik standen zwei intellektuelle Großtaten Albert Einsteins, nämlich die Relativitätstheorie und die Beschreibung elektromagnetischer Wellen, die beide erstmals 1905 veröffentlicht wurden. Mit der speziellen und allgemeinen Relativitätstheorie zeigte Einstein auf, daß Raum und Zeit keine starren, mechanischen Größen sind, sonder eine dynamische Wechselbeziehung darstellen. Zeit ist demnach nicht absolut, eine Stunde auf der Erde und eine Stunde in einem Überschallflugzeug sind nicht das gleiche. Auch der Raum ist relativ, im Gegensatz zu den Aussagen des kartesianischen Weltbilds. Die absolute Unveränderlichkeit von Raum und Zeit waren für Descartes und Newton ja die Grundlage für ihr Weltbild, in dem das Universum als große Maschine mit mechanistischen Abläufen dargestellt wird. Wenn sich aber selbst Zeit und Raum nicht mechanistisch verhalten, so kann es innerhalb des an Zeit und Raum gebundenen Universums nichts geben, was sich mechanistisch verhält. Somit ist der mechanistische Aspekt des kartesianischen Weltbilds bereits seit 1905 widerlegt.

Zwanzig Jahre nach Einsteins revolutionären Impulsen formulierte ein ganzes Team von Physikern, bestehend unter anderem aus Max Planck, Niels Bohr, Werner von Heisenberg, Erwin Schrödinger und Paul Divac, die Quantenmechanik. Bei diesem neuen Gebiet der Physik handelte es sich nicht einfach um neue Erkenntnisse, sondern um den endgültigen Zusammenbruch des Bildes vom Universum als Weltmaschine. In der Quantenmechanik stellt sich heraus, daß Atome keineswegs die festen, separaten Teilchen waren, für die sie bis dato gehalten wurden. „Atome“ und subatomare „Teilchen“ sind vielmehr Energiezustände, die sich in permanenter Wechselbeziehung befinden. Somit stellt sich das Universum nicht als ein materielles Gebilde, aus kleinen Grundbausteinen bestehend, dar, sondern als ein verwobenes, organisches Netz von Energien, was den Materialismus des kartesianischen Weltbildes völlig aus den Angeln hebt.

Die Quantenphysik und die Heisenbergsche Unschärferelation, mit der die Unmöglichkeit wissenschaftlicher Objektivität nachgewiesen wurde, haben auch den Anspruch der Wissenschaft, durch reduktionistisches Vorgehen zu vollkommenen Ergebnissen zu gelangen, als irreal entlarvt.

Diese Entwicklung war wirklich eine Revolution in der Physik. Die beteiligten Wissenschaftler beschrieben später, wie sie manchmal verzweifelten, weil die Natur ihre Fragen stets mit paradoxen Offenbarungen beantwortete. Die neuen Erkenntnisse der Physik wirklich anzunehmen bedeutet in der Tat, ein ganzheitlich-spirituelles Weltbild zu akzeptieren. Vielleicht war dieser Schritt einfach bisher zu erschreckend groß für die meisten Menschen, speziell Wissenschaftler, denn in anderen Wissenschaften und Lebensbereichen wurde der Wandel im Weltbild, obwohl überfällig, noch nicht im allgemeinen vollzogen. Nun aber ist die Zeit gekommen, diesen Schritt zu tun, damit wir Menschen uns wieder in die große Lebensharmonie einfügen.

Das ganzheitliche Weltbild

Das aus der Quantentheorie hervorgehende Weltbild beschreibt das Universum als eine organische Einheit, in der alle Bestandteile in permanenter, unauflöslicher Wechselbeziehung zueinander stehen. Jedes Teilchen besteht aus allen anderen Teilchen. Ein anschauliches Symbol für diese Einheit in der Vielfalt ist ein Hologramm, in dem jeder noch so kleine Baustein das Ganze in sich trägt. Mit diesem ganzheitlichen Weltbild versöhnt sich die Wissenschaft wieder mit der Spiritualität, denn die Erkenntnis von der Einheit aller Dinge zieht sich wie ein roter Faden durch alle spirituellen und mystischen Lehren der Welt. Ein wesentliches Merkmal der Erleuchtung wird in den spirituellen Traditionen darin gesehen, daß man sich selbst in allen Dingen und alle Dinge in sich selbst erkennt. Neben der Versöhnung von Wissenschaft und Spiritualität ist eine weitere wesentliche Schlußfolgerung aus den Erkenntnissen der Quantentheorie die Notwendigkeit einer Umkehr unserer Lebensweise. Das sozialdarwinistische Bild, welches das Leben als einen ununterbrochenen Konkurrenzkampf darstellt, hat zu dem tiefverwurzelten Glauben geführt, wir müßten unser Glück allein, oder sogar gegen andere kämpfend, finden. Wenn wir nun aber um unsere Verbundenheit mit dem Universum wissen, wie können wir dann am Konkurrenzdenken festhalten? Die globalen Krisen in allen Aspekten des Lebens zeigen ohnehin, daß diese Lebensart keine Zukunft haben kann und die Umkehr zur Kooperation statt Konkurrenz eine Überlebensfrage wird. Harmonie und Güte, nicht Willkür, regieren dieses Universum, und wenn wir uns in diese Harmonie einfügen, ist der Gewinn für uns selbst viel größer als der größte, den wir uns je erkämpfen könnten.

Es ist in diesem Zusammenhang interessant festzustellen, daß die bedeutenden Pioniere der Physik wie Einstein, Bohr, Planck, Schrödinger u.a. allesamt tiefreligiöse Menschen waren und ein lebhaftes Interesse an ökologischen und sozialen Fragen zeigten. Sie hatten in ihrer Arbeit das Verschmelzen von Wissenschaft und Spiritualität erlebt und waren mutig genug, die daraus folgenden Erkenntnisse im eigenen Leben umzusetzen.

Der Ursprung der Schöpfung

Die Erkenntnisse der Quantentheorie wurden im Laufe der Zeit mehr und mehr bestätigt. Eine hochinteressante physikalische Theorie, die das Bild vom Universum als organische Einheit bestätigt, ist die S-Matrix-Theorie. Dieses von David Bohm und Geoffrey Chew entwickelte Konzept, das übrigens inzwischen experimentell als wahr nachgewiesen wurde, zeigt die Verwobenheit aller Dinge klar und überzeugend auf. Die S-Matrix-Theorie erklärt auch, warum die Suche nach den Grundbausteinen des Universums, wie sie in der reduktionistischen Wissenschaft immer noch betrieben wird, erfolglos sein muß: Es gibt diese Grundbausteine nämlich nicht. Innerhalb des Universums ist dessen Ursprung nicht zu finden. Dies läßt natürlich nur einen Schluß zu: Dieser Ursprung muß jenseits dessen liegen, was innerhalb der Schöpfung existiert.

„Wie alle Wesen ist der Mensch Teil des Ganzen, das wir ‚Universum' nennen und rein äußerlich von Raum und Zeit begrenzt. Er erfährt sich, seine Gedanken und Gefühle als etwas, das ihn von den anderen trennt, aber dies ist eine Art optischer Täuschung des gewöhnlichen Bewußtseins. Diese Täuschung ist wie ein Gefängnis, das unsere persönlichen Wünsche und unsere Zuneigung auf einige wenige Menschen beschränkt, mit denen wir näher zu tun haben. Unsere wirkliche Aufgabe besteht darin, uns aus diesem Gefängnis zu befreien, indem wir unser Mitgefühl und unsere Fürsorge auf alle Wesen und die Natur gleichermaßen ausdehnen. Auch wenn uns dies nicht vollständig gelingt, so ist doch bereits das Streben nach diesem Ziel Teil der Befreiung und die Grundlage für das Erlangen inneren Gleichgewichts."

Albert Einstein

Hier treffen Wissenschaft und Spiritualität abermals zusammen. Alle spirituellen Traditionen der Welt sprechen von einem transzendentalen Bereich jenseits der Schöpfung, dem Tao, Absolutem Bewußtsein, Gottvater. In den verschiedenen Traditionen wird der transzendentale Aspekt Gottes mit unterschiedlichen Begriffen beschrieben, und ich will mir an dieser Stelle nicht anmaßen, einem dieser Begriffe den Vorzug zu geben. Ich habe großen Respekt vor allen spirituellen Lehren und natürlich vor Ihnen, lieber Leser, und Ihren persönlichen Überzeugungen. Entscheidend ist allein die Tatsache, daß die Mystiker aller Religionen einen transzendentalen Gottesaspekt jenseits der Schöpfung, die auch oft als der weibliche Aspekt Gottes dargestellt wird, beschrieben. Der Übergang zwischen dem transzendentalen und dem manifestierten Aspekt des Göttlichen ist die schöpferische Urenergie oder kosmische Energie, aus der die Schöpfung hervorgeht. Mit dem Begriff „kosmische Energie" muß man allerdings vorsichtig umgehen, weil heutzutage vieles als solche bezeichnet wird, ohne daß es sich wirklich um diese Urenergie handelt. Mehr zum Unterschied zwischen kosmischer Energie und den diversen subtilen Energieformen wie Orgon, Äther etc. im 2. Kapitel.

Die Vorstellung von einer schöpferischen Urkraft, die aus sich heraus das Universum erschafft und in sich vereinigt, besteht in allen spirituellen Traditionen seit Tausenden von Jahren. Mystiker verschiedener Kulturen haben in tiefer Meditation zu einer bewußten Wahrnehmung dieser kosmischen Energie gefunden und sie übereinstimmend als eine bewußte, persönliche Energie voll Liebe, Harmonie und vollkommener Freude beschrieben. Diese Energie ist das „Wort" der Bibel, das Om der Inder, Tumo der tibetischen Buddhisten, die göttliche Mutter. Seit 1964 gibt es auch in der Wissenschaft die Bestätigung für die Existenz der kosmischen Energie. Damals gelang John

„Als Physiker, also als Mann, der sein ganzes Leben der nüchternen Wissenschaft, nämlich der Erforschung der Materie diente, bin ich sicher frei davon, für einen Schwarmgeist gehalten zu werden. Und so sage ich Ihnen nach meiner Erforschung des Atoms dieses:

Es gibt keine Materie an sich!

Alle Materie entsteht und besteht nur durch eine Kraft, welche die Atomteilchen in Schwingung bringt und sie zum winzigsten Sonnensystem des Atoms zusammenhält. Da es aber im ganzen Weltall weder eine intelligente noch eine ewige Kraft gibt, so müssen wir hinter dieser Kraft einen bewußten, intelligenten Geist annehmen.

Dieser Geist ist der Urgrund aller Materie! Nicht die sichtbare, aber vergängliche Materie ist das Reale, Wahre, Wirkliche, sondern der unsichtbare, unsterbliche Geist ist das Wahre! Da es aber Geist an sich allein ebenfalls nicht geben kann, sondern jeder Geist einem Wesen angehört, müssen wir zwingend Geistwesen annehmen. Da aber Geistwesen nicht aus sich selber sein können, sondern geschaffen worden sein müssen, so scheue ich mich nicht, diesen geheimnisvollen Schöpfer so zu benennen, wie ihn alle Kulturvölker der Erde früherer Jahrtausende genannt haben: Gott

So sehen Sie, meine verehrten Freunde, wie in unseren Tagen, in denen man nicht mehr an den Geist als den Urgrund aller Schöpfung glaubt und darum in bitterer Gottesferne steht, gerade das Winzigste und Unsichtbare es ist, das die Wahrheit wieder aus dem Grabe materialistischen Stoffwahnes herausführt und die Türe öffnet in die verlorene und vergessene Welt des Geistes."

Max Planck

Bell die Vervollständigung eines Gedankenexperiments, das Albert Einstein, Nathan Rosen und Boris Podolsky 1935 begonnen hatten (das sogenannte EPR-Experiment, das nach Einstein, Podolsky und Rosen benannt wurde). Was John Bell daraus entwickelte, wurde als Bells Theorem bekannt. Bells Theorem zeigt auf, daß alle Teilchen des Universums direkt verbunden sind, diese Verbindung aber durch „etwas" jenseits von Raum und Zeit zustande kommt. 1972 gelang Professor Clausner von der renommierten Berkeley-Universität in Kalifornien der experimentelle Beweis für Bells Theorem. Man kann z.B. beweisen, daß zwei Elektronen, die einmal ein Paar gebildet haben, sich auch noch dann beeinflussen, wenn sie unendlich weit voneinander entfernt sind. Diese Beeinflussung findet ohne Zeitverzögerung statt, was bedeutet, daß die Elektronen auf einer Ebene jenseits von Raum und Zeit verbunden sein müssen. Diese Ebene ist die kosmische Urenergie, die in der Physik auch als Nullpunkt-Energie bezeichnet wird.

Eigenschaften der Nullpunkt-Energie

Die Nullpunkt-Energie ist allgegenwärtig, sie durchdringt das gesamte Universum. Sie ist außerdem quantitativ unendlich, d.h., sie kann nie erschöpft werden. Die für uns an dieser Stelle wichtigste Eigenschaft der Nullpunkt-Energie ist ihre vollkommene Intelligenz.

In der Nullpunkt-Energie ist alles, was in der Schöpfung existiert, in Ideen- oder Samenform angelegt. Unser Körper mit all seinen Zellen und seinem gesamten Stoffwechsel existiert bereits in der Nullpunkt-Energie als perfekt funktionierende Idee. Alles, was in der Nullpunkt-Energie als Idee angelegt ist, funktioniert auf dieser Ebene perfekt, ohne Fehler, in vollkommener Harmonie mit allem. Die faszinierende Ordnung und Ausgeglichenheit in der Natur zeigt auf, wie vollkommen das Leben funktioniert, wenn die Schöpfungsplanung aus der Nullpunkt-Energie in die physische Welt umgesetzt wird. Disharmonie, Krankheit und Degeneration sind keine Launen der Natur, sondern die Folgen einer Lebensweise, die dem Wirken der Lebensintelligenz der Nullpunkt-Energie entgegenwirkt. Der Beweis dafür ist in der Tatsache zu finden, daß chronische sowie degenerative Krankheiten sowie existentiell bedrohliche, selbstzerstörerische Verhaltensformen nur bei Menschen zu finden sind, der einzigen Lebensform auf der Erde, die die Fähigkeit besitzt, sich wider die Natur zu verhalten. Bei wildlebenden Säugetieren kennt man ganze fünf Krankheiten, die zudem nur als natürliches Regulativ auftreten, wenn sich eine Art zu stark vermehrt. In der Humanmedizin sind ca. 40.000 verschiedene Krankheiten klassifiziert. Nur der Mensch und natürlich vom Menschen gehaltene Tiere erkranken an Rheuma, Diabetes, Multiple Sklerose, Allergien, Krebs, Osteoporose und all den anderen, sich weiter ausbreitenden Zivilisationskrankheiten. Weder körperliches noch seelisches Leid ist jedoch notwendig, denn die Schöpfung ist auf Harmonie und Freude ausgerichtet, nicht auf Verfall und Leid. Alles, was wir brauchen, um unseren natürlichen Zustand von Harmonie und Gesundheit einzunehmen, ist unsere Wiedereingliederung in die kosmische Ordnung, in der die Nullpunkt-Energie ihr Wirken in uns voll entfalten kann.

Das energetische Kontinuum

Nullpunkt-Energie ist formlos und unmanifestiert. Sie trägt in sich alle Ideen und Informationen für alles, was in der Schöpfung existiert. Tachyonen sind Partikel der Nullpunkt-Energie, sie haben die gleichen Eigenschaften wie formlose Nullpunkt-Energie, bilden aber ein geformtes, sich mit Überlichtgeschwindigkeit bewegendes Feld.

Das Umsetzen dieser Ideen geschieht durch einen Prozeß kontinuierlicher Energieverdichtung, von sehr feinen, subtilen Strukturen bis hin zur größten Verdichtung, der Materie. Der menschliche Körper ist das Endprodukt eines energetischen Kontinuums, das in der Nullpunkt-Energie beginnt, sich durch zunehmende Verdichtung in verschiedenen feinstofflichen Körpern manifestiert und sich schließlich zur atomaren Struktur des physischen Körpers zusammensetzt. Dieser Vorgang findet permanent statt, d.h., unser Körper wird in jedem Moment durch das energetische Kontinuum erhalten.

Um die Mechanismen von Harmonie/Gesundheit und Disharmonie/Krankheit in unserem Körper-Geist-Komplex besser zu verstehen, sollten wir einen kurzen Blick auf die einzelnen Ebenen unseres energetischen Kontinuums werfen. Was die feinstofflichen Körper betrifft, so lassen sich diese in drei Hauptgruppen einteilen: Kausal-, Astral- und Ätherkörper. Durch weitere Unterteilungen kann man auch sieben feinstoffliche Schichten in der Aura klassifizieren, wie dies in manchen esoterischen Lehren getan wird. Für uns genügt an dieser Stelle aber ein kurzer Überblick über die drei genannten subtilen Körper.

Kausalkörper

Der Kausalkörper ist die feinste subtile Schicht, die unsere Seele bekleidet. Durch den Kausalkörper erhält die Seele ihr individuelles Bewußtsein, weshalb er von Rudolf Steiner als die Ich-Kraft bezeichnet wurde. Dies ist die Ebene der schöpferischen Intuition. Kreative Genies haben einen guten Zugang zu ihrem Kausalkörper. Die meisten Menschen haben nur im Schlaf, also im unbewußten Zustand, Zugang zu ihrem Kausalkörper, denn um diesen herzustellen muß sich das Gehirn in einen Delta-Zustand (0-4 Hertz in den

Gehirnströmen) befinden, dem Zustand des Tiefschlafs. Es ist aber genauso möglich, in tiefer Meditation im Delta-Zustand Zugang zum Kausalkörper zu finden. Dies ist der Grund, warum eine Nebenwirkung der Meditation in erhöhter Kreativität besteht.

Aus der Nullpunkt-Energie fließt unsere Lebenskraft also zunächst durch den Kausalkörper. Auf jeder Ebene, durch welche die Lebenskraft hindurchgeht, wird sie von den dort vorhandenen Energien geprägt und nimmt diese in die nächste Ebene mit. Dabei verdichtet sich die Lebenskraft immer auf das Level des entsprechenden feinstofflichen Körpers. Aus der Nullpunkt-Energie wird also auf der Kausalebene Kausalenergie, die sich dann weiter verdichtet zum...

Astralkörper

Der Astralkörper ist der Sitz des Denkens, Fühlens und des Unterbewußtseins. Hier beginnen unsere Probleme, und die Lebenskraft wird hier bereits mit einer ganzen Menge Disharmonie beladen, die sie dann mit auf ihren Weg nimmt. Der Astralkörper kann unterteilt werden in den Mentalkörper (in Verbindung mit der linken Gehirnhälfte, männliche Energie) und in den Emotionalkörper (rechte Gehirnhälfte, weibliche Energie). Mental- und Emotionalkörper befinden sich bei fast allen Menschen heutzutage in einem erheblichen Ungleichgewicht, weil in unserer Gesellschaft die mentalen Funktionen zwar stark gefördert, die emotionalen Anteile des Menschen jedoch ebenso stark vernachlässigt werden. Im Mentalkörper können wir unterscheiden, verstehen, Konzepte entwerfen. Um die Ideen des Mentalkörpers aber umzusetzen brauchen wir die Kooperation des Emotionalkörpers, die weibliche, manifestierende Energie. Ein Emotionalkörper, der durch unverarbeitete traumatische Erlebnisse, durch Angst, Schuldgefühle und Ärger fragmentiert ist, blockiert das

Verwirklichen unserer Pläne. Wenn man gute Vorsätze nicht in die Tat umsetzen kann, wenn man sich selbst in seinen Bemühungen sabotiert, ist der Grund ein mangelhaft entwickelter Emotionalkörper. Wenn die Lebenskraft durch den Astralkörper fließt, nimmt sie natürlich diese Blockaden mit, die sich dann auch auf den Zugang zum Mental- und Kausalkörper auswirken. Im antiken Griechenland waren wirksame Methoden bekannt, wie z.B. die pythagoreischen Symbolkontemplationen, die den Emotionalkörper heilen und in Harmonie mit Mental- und Kausalkörper bringen. Die ausgewogene Entwicklung der altgriechischen Kultur in Philosophie, Kunst, Wissenschaft und Heilkunde ist ein inspirierendes Beispiel dafür, was für ein Potential wir in uns entfalten können, wenn wir den Emotionalkörper heilen. Tachyon-Energie kann dabei eine enorme Hilfe sein und diesen Heilungsprozeß auf eine nie gekannte Weise beschleunigen und vervollständigen.

Ätherkörper und SOEF

Der Ätherkörper ist die dichteste Energieschicht unseres energetischen Kontinuums, die noch zum feinstofflichen Bereich gehört. Jedes physische Teilchen, vom Atom über das Molekül, die Zelle, ein Organ bis hin zum gesamten Körper, hat eine ätherische Matrix oder Schablone. Die einzelnen Ätherfelder der Zellen, Moleküle und Atome, die in ihrer Gesamtheit den Ätherkörper bilden, werden nach Dr. Gabriel Cousens als SOEFs (Subtle Organizing Energy Fields) bezeichnet. Die SOEFs geben dem physischen Aspekt des energetischen Kontinuums seine Form und versorgen ihn unmittelbar mit der ordnenden Lebenskraft, die, ursprünglich aus der Nullpunkt-Energie kommend, sich nun schon fast auf das körperliche Level verdichtet hat. Der Zustand der SOEFs beeinflußt direkt den Gesundheitszustand der Zellen und ist seinerseits natürlich sehr stark vom Zustand des Emotionalkörpers abhängig. Bringt der Fluß der Lebenskraft starke Disharmonien aus dem Emotionalkörper mit, so werden die SOEFs geschwächt und in ihrer Struktur nachteilig verändert, was sich natürlich auf die Zellen auswirkt. Andere Faktoren, welche die SOEFs negativ beeinflussen, sind Elektrosmog und eine denaturierte, energiearme Ernährung. Daher sind Harmonie im Gefühlsleben, eine gesundheitsfördernde Umgebung und eine energiereiche Kost essentiell, um dem Körper eine Energie-Matrix zu gewährleisten, die seine Funktionen harmonisch steuert. Kann die Lebenskraft durch gesunde, strukturierte SOEFs in die Körperzellen geleitet werden, so ist eine gute physische Gesundheit mühelos erreichbar. Bei den drei genannten Faktoren die zu gesunden SOEFs führen, kann Tachyon-Energie eine sehr wichtige Hilfe sein.

Die Lebenskraft teilt sich im Ätherkörper in verschiedene Arten von Energie auf, die indischen Yoga-Lehrer sprechen von fünf Arten von Prana. Neben der direkten Versorgung der Zellen gibt es auch einen Pranafluß durch das feinstoffliche Nervensystem, der vom Kopf vertikal nach unten verläuft. Dieser Fluß gibt uns das Körperbewußtsein und ist absolut lebensnotwendig. An der Medulla Oblongata (an der Schädelbasis) tritt dieser Energiefluß in das physische Nervensystem ein.

Interessanterweise tritt sofort der Tod ein, wenn dieser Punkt bei einer Gehirnoperation versehentlich beschädigt wird, obwohl aus rein physischer Sicht dazu kein Grund besteht. Ein Unterbrechen der Lebenskraft kann keine Sekunde überlebt werden, was aufzeigt, wie wichtig feinstoffliche Energien für die physische Gesundheit sind. Da an der Medulla Oblongata universelles Prana zu individuellem, körpereigenem Prana wird, ist dieser Punkt auch der Sitz des Ich-Bewußtseins. Ein sehr starkes Ego, also ein übersteigertes Ich-Bewußtsein, führt hier zu einer Stauung feinstofflicher Energie, die sich schließlich auch auf die Kopfhaltung auswirken kann. In allen Sprachen auf der

Welt gibt es einen Ausdruck wie „hochnäsig" („loocking down the nose" im Englischen, „sotto il naso" im Italienischen etc.), der aufzeigt, daß ein nach hinten gezogener Kopf mit einem großen Ego assoziiert wird. In allen Religionen gilt der gebeugte Kopf als Zeichen der Demut.

Biophotonen und der physische Körper

Der physische Körper ist das letzte Glied im energetischen Kontinuum des Menschen. Sein Stoffwechsel ist ungeheuer komplex und hochempfindlich. Jede Entgleisung von Stoffwechselprozessen kann zu Störungen führen, die sich schließlich als Krankheitssymptome äußern.

Die Steuerung des molekularen Geschehens in unseren Zellen erfolgt durch Signalübermittlung mittels Biophotonen, Lichtteilchen, welche die aus den SOEFs stammende Lebenskraft aufnehmen und überall in der Zelle an die im Stoffwechsel aktiven Moleküle weitergeben. Bestimmte Moleküle wie DNS, RNS, Enzyme, Chlorophyll und helixförmige Proteine, die als LM (Lebende Makromoleküle) bezeichnet werden, besitzen die Fähigkeit, mit Hilfe der Biophotonen den Stoffwechsel zu koordinieren. Dies klärt viele Fragen, die eine rein biochemische Betrachtung des Zellstoffwechsels offenläßt, z.B., warum dieses unglaublich komplexe Geschehen überhaupt so koordiniert ablaufen kann. Außerdem wird klar, warum z.B. die DNS zu 97% aus Material besteht, das gar nicht Träger von Erbgut ist, den sogenannten Introns. Diese Introns sind die Bestandteile der DNS, die Biophotonen aussenden und empfangen, um den Zellstoffwechsel in seiner Gesamtheit zu koordinieren.

Auf der physischen Ebene sind toxische und artfremde Substanzen sowie ein Mangel an funktionsfähigen LM die Faktoren, die dem Wirken der Lebenskraft Schwierigkeiten bereiten können. Mit einer Enzym- und damit LM-reichen Ernährung, die uns nicht mit artfremden Substanzen belastet, legen wir auf der physischen Ebene die Grundlage für ein reibungsloses Funktionieren der Lebenskraft.

Ein Leben als Supraleiter

Die Entfaltung unseres spirituellen Potentials, Harmonie in allen Lebensbereichen und vollkommene Gesundheit sind direkt davon abhängig, wie gut die kosmische Lebenskraft aus der unmanifestierten Nullpunkt-Energie durch unsere feinstofflichen Ebenen bis in den Körper wirken kann. Wir müssen nicht zu etwas werden, das wir nicht sind, denn unsere Seele ist immer ein Teil Gottes und voller Freude, Harmonie und Liebe. Dies in unserem äußeren Wesen auszudrücken und dadurch die Fragmentierung unseres Bewußtseins zu heilen, so daß wir bewußt in unserer Einheit mit Gott leben und ihr in allem, was wir tun, Ausdruck verleihen, ist das einzige Ziel unseres Lebens. Es ist auch unser Geburtsrecht, unsere wahre Bestimmung. Unsere Seele ist ein Teil des absoluten Bewußtseins, des Göttlichen jenseits der Schöpfung und daher unveränderlich.

Unser Körper-Geist-Komplex jedoch ist ein Bestandteil der manifestierten Schöpfung, und da innerhalb der Schöpfung alles aus bewegter Energie besteht, ist hier ständige Veränderung unausweichlich. Viele Menschen fürchten Veränderung und wollen gerne alles so belassen, wie es ist. Wir alle werden mit zwei treibenden Kräften geboren. Die erste schützt uns als Neugeborene vor Gefahren, sie drängt uns dazu, bei der Mutter zu bleiben und alles Unbekannte als potentiell gefährlich zu betrachten. Dieser Drang, nur das Bekannte, Sichere anzunehmen, ist somit durchaus sinnvoll, vorausgesetzt, wir sind kleine Babys. Wenn wir jedoch älter werden, sollte eigentlich der zweite Drang in uns, der nach Weiterentwicklung, nach „mehr", stärker zur Entfaltung kommen. Der erste Drang ist nur darauf ausgerichtet, Schmerz zu vermeiden, und die meisten Menschen sind noch als Erwachsene stark von ihm beeinflußt. Sie lehnen Unbekanntes ab und wollen, daß alles so bleibt, wie es ist. Da aber das Leben zwangsläufig permanente Veränderung ist, kann eine solche Lebensausrichtung niemals zu einem glücklichen Ende führen. Wir haben nur die Möglichkeit, uns zu verändern, entweder in eine Richtung der Ordnung, Harmonie und Bewußtseinsentwicklung, so daß wir die kosmische Lebenskraft immer freier durch uns fließen und wirken lassen, oder in Richtung Disharmonie, Krankheit und Bewußtseinstrübung. Wenn unser Körper-Geist-Komplex ein Supraleiter (ein technischer Ausdruck für Stromleiter, die dem Strom keinen Widerstand entgegensetzen) für kosmische Energie wird, sind wir in dem Zustand von Harmonie, der uns schon immer gehört hat. Wir können entweder ein immer besserer Supraleiter werden oder unsere Leitungen immer mehr verstopfen lassen. Dies führt natürlich zu der Frage, welcher Faktor denn nun darüber entscheidet, in welche Richtung wir uns entwickeln. Was bestimmt, ob wir ein besserer oder schlechterer Supraleiter für kosmische Energie werden?

Der Bifurkationspunkt

Die Frage nach den Mechanismen, welche die Richtung unserer Entwicklung bestimmen, führt zu einem interessanten Dilemma in der Wissenschaft. Der zweite Hauptsatz der Thermodynamik besagt, daß alle organisierten Systeme im Laufe der Zeit in einen Zustand zunehmender Unordnung geraten. Diesen Verfall nennt man Entropie, und er ist überall im Leben erkennbar. Andererseits strebt das Leben selbst immer nach höherer Entwicklung, Harmonie und Funktionsfähigkeit. Mit diesem Paradox beschäftigte sich in den siebziger Jahren der Chemiker Ilya Prigogine, der 1977 den Nobelpreis erhielt. Prigogine stellte fest, daß die Entwicklung organisierter Systeme nicht linear verläuft, sondern nach folgendem Muster: Ein organisiertes System, nehmen wir hier als Beispiel einen menschlichen Körper, wird mit neuen Einflüssen und Anforderungen konfrontiert. Irgendwann ist seine Anpassungsfähigkeit erschöpft, und der Körper ist überwältigt, er kann auf die einströmenden Reize nicht mehr sinnvoll reagieren. Nun kommt der Moment, den Ilya Prigogine als Bifurkationspunkt bezeichnet, ein Moment der Wahrheit, in dem sich die Zukunft des Körpers entscheidet. In diesem Bifurkationspunkt bricht das System entweder zusammen – dies ist z.B. der Zeitpunkt, an dem krankheitsauslösende Faktoren, die über Jahre gewirkt haben, eine sichtbare Krankheit erzeugen – oder es kommt zu einem Quantensprung in höhere Ordnung. Nach dem Quantensprung ist der Körper allen Einflüssen angepaßt und funktioniert wieder optimal. Der Sprung in höhere Ordnung (negative Entropie) oder in den Verfall (Entropie) findet im Bifurkationspunkt plötzlich statt, scheinbar aus dem Nichts. Ich benutze absichtlich das Wort scheinbar, denn hier besteht ein Mangel in Prigogines ansonsten brillantem Erklärungsmodell. Nach seinen Ausführungen erscheint es ziemlich zufällig, wohin sich ein System im Bifurkationspunkt entwickelt. Nicht zuletzt aus diesem Grund sind Prigogines Ideen eine Grundlage der Chaos-Theorie. Aber zufällige Entwicklungen zur höheren Ordnung oder zur Entropie gibt es nicht. Meiner Ansicht nach muß das Bifurkationspunkt-Modell durch einen entscheidenden Faktor ergänzt werden, der die Richtung des Quantensprungs bestimmt. Dieser Faktor wird in den spirituellen Traditionen, zum Teil etwas schleierhaft und mythisch, beschrieben, daher soll an dieser Stelle eine klärende Darstellung gegeben werden.

Attunment

Im Englischen gibt es das Wort „attunment“, das soviel bedeutet wie „Ausrichtung auf etwas“. Dieser Begriff beschreibt perfekt den in der Bifurkationspunkttheorie fehlende Faktor. Da es in der deutschen Sprache kein genauso passendes Wort gibt, werde ich im folgenden den Begriff Attunment verwenden und bitte deshalb hiermit die Verfechter der deutschen Sprachkultur um Verzeihung. Je nachdem, wohin sich das Attunment im Moment eines Bifurkationssprungs richtet, gestaltet sich der Quantensprung.

Wenn wir uns in unserem Körper-Geist-Komplex in einem Bifurkationspunkt befinden und unser Attunment mit der Nullpunkt-Energie gut entwickelt ist, können wir leicht einen Quantensprung in eine positive Richtung vollziehen.

Die harmonisierende Kraft aus der Nullpunkt-Energie ist die Gnade Gottes, die uns zu unserer eigenen göttlichen Entfaltung führt. Unser Attunment ist unsere Einladung an diese Gnade, in uns zu wirken.

In der Bibel gibt es eine Aussage, die oberflächlich betrachtet äußerst unfair klingt: „Wer Fülle hat, dem wird gegeben, wer aber wenig hat, dem wird das wenige auch noch genommen.“ Könnte ein gütiger Gott solch eine Ungerechtigkeit zulassen? In Wirklichkeit aber wird durch diesen Satz Attunment erklärt. „Wer Fülle hat“, hat diese Fülle aufgrund seines Attunments mit der Gotteskraft, „wer aber wenig hat“, dem mangelt es an Attunment.

Dementsprechend bekommt man eben mit jedem Bifurkationspunkt mehr oder weniger an innerer Freude, Gesundheit und Kraft. Alle spirituellen Praktiken wie

Meditation, Gebet, Yogatechniken und alle echten Heilmethoden haben nur einen echten Zweck: Unser Attunment mit der befreienden, heilenden Gottesenergie zu vervollkommnen. Wir können uns oder andere nicht selber heilen oder selbst spirituelle Vervollkommnung erreichen. All dies wird uns gegeben, es ist unser Recht, es zu bekommen, wir müssen nur ja sagen. Attunment mit Gott durch eine spirituelle, harmonische Lebensweise ist der direkte Weg, ja zur Gnade Gottes zu sagen. Durch unser bewußtes Attunment können wir in einem Fluß der Gnade Gottes leben, indem wir im wachsenden Erwachen unserer Seele auf allen Ebenen unseres Seins der Schönheit und Liebe Gottes Ausdruck verleihen.

Tachyon-Energie – das ultimative Attunment

Ein direktes, vollkommenes Attunment mit der kosmischen Nullpunkt-Energie ist nicht leicht herzustellen. Nullpunkt-Energie ist formlos, unstrukturiert. Unser Körper-Geist-Komplex hingegen ist eine strukturierte Form von Energie. Wie kann sich etwas Geformtes mit einer formlosen Energie verbinden?

Natürlich hält die kosmische Ordnung auch für dieses Problem eine Lösung parat. Nullpunkt-Energie ist zwar selbst formlos, existiert aber auch in einer strukturierten Form als Partikel, die sich mit Überlichtgeschwindigkeit bewegen. **Diese Partikel von Nullpunkt-Energie nennt man Tachyonen oder Tachyon-Felder.** Tachyonen haben die gleichen Eigenschaften wie die Nullpunkt-Energie, sie tragen den gesamten Bauplan der Schöpfung in sich, sie haben keine bestimmte Frequenz, sondern beinhalten alle Energieformen. Da Tachyonen strukturiert sind, kann sich unser Körper-Geist-Komplex über ein Tachyon-Feld Zugang zur Nullpunkt-Energie verschaffen. Damit haben wir die Möglichkeit zu einem ultimativen Attunment zwischen unserem energetischen Kontinuum und der kosmischen Lebenskraft.

In den spirituellen Traditionen wird auf die Tachyonen nur selten hingewiesen, weil es bisher keine konkreten Möglichkeiten gab, diese spezielle Energieform gezielt nutzbar zu machen. Paramahansa Yogananda sprach von „Lifetrons“ als Partikel der kosmischen Energie, nicht aber von Tachyon-Feldern.

Nun aber ist die Zeit gekommen, in der eine konkrete praktische Nutzung der Tachyonen für unsere spirituelle Entwicklung und vollkommene Gesundheit in unserem gesamten Körper-Geist-Komplex möglich ist. Diese Nutzung von Tachyon-Energie erlaubt es uns, in wesentlich kürzerer Zeit auf direkte, natürliche Art und Weise ein Supraleiter für kosmische Energie zu werden. Natürlich ist Tachyon-Energie kein Ersatz für eine natürliche, spirituelle Lebensweise, aber sie ist eine enorme Hilfe auf unserem Weg zu vollkommener Harmonie in uns selbst und der gesamten Schöpfung.

Es ist sicher kein Zufall, daß gerade am Ende des 20. Jahrhunderts, zu einer Zeit, da die Menschheit sich in eine weltumspannende, existentielle Krise manövriert hat, die Nutzung von Tachyon-Energie möglich wird. Wir Menschen sind zwar äußerst kreativ, wenn es darum geht, uns in Schwierigkeiten zu bringen, aber unser göttlicher Helfer ist nicht weniger einfallsreich.

2

Das Wunder der Tachyon-Energie

Wenn Sie sich schon länger mit alternativen Heilmethoden beschäftigt haben, sind Sie sicherlich schon mit Methoden der therapeutischen Nutzung feinstofflicher Energien in Berührung gekommen. Zu diesen Methoden zählen u.a. Orgontherapie, Magnetfeldtherapie, Radionik, Bioresonanz, Photonenenergie, die neue Homöopathie nach Körbler, Kristallheilarbeit und Farbtherapie. Allen Verfahren und Technologien dieser Art liegt ein gemeinsames Prinzip zugrunde: In unserem energetischen Kontinuum aus feinstofflichen Körpern können auf jeder Frequenzebene Blockaden auftreten, die zu gesundheitlichen Störungen führen. Führt man dem entsprechenden feinstofflichen Frequenzbereich stärkende und harmonisierende Energie seiner eigenen Frequenz zu, können solche Blockaden gelöst und dadurch gesundheitliche Verbesserungen erzielt werden.

Bei fachgerechter Anwendung lassen sich mit der Anwendung von frequenzspezifischen Energien gute Resultate erzielen. Aber alle derartigen Methoden haben zwei wesentliche Nachteile, die nicht zu vermeiden sind:

1. Die Wirkung einer frequenzspezifischen Energie ist weitestgehend auf den Bereich ihrer Frequenz beschränkt. Orgon-Energie entspricht z.B. der Frequenz des Ätherkörpers. Wenn ich in diesem Bereich eine Blockade beseitigen will, kann mir dies mit einem

Orgonstrahler gelingen. Aber was mache ich, wenn mein Problem im Ätherkörper nur eine Folge einer Blockade im Astralkörper ist? Es gibt zwar eine gewisse Wechselwirkung, durch die sich mein Orgonstrahler auch auf den Astralkörper positiv auswirken kann, aber diese Wirkung ist begrenzt. Durch frequenzspezifische Energien – und dies bedeutet, alle feinstofflichen Therapieverfahren außer Tachyon – erhalten wir kein Attunment zur Nullpunkt-Energie, sondern nur zu einzelnen Aspekten der Ganzheit. Ein Zugang zum vollständigen Informationsspektrum für die vollkommene Funktion unseres energetischen Kontinuums ist somit nicht möglich.

2. Frequenzspezifische Energien können auch negative Wirkungen auslösen. Dies hat zwei Gründe. Zum einen kann ein Überschuß an Energie genauso nachteilig sein wie ein Mangel. Ausgewogenheit ist der entscheidende Faktor für ein gesundes, harmonisches energetisches Kontinuum. Wenn man mit einer frequenzspezifischen Energiemethode einem feinstofflichen Körper Energie zuführt, ohne, daß in diesem Bereich wirklich ein Bedarf besteht, können durch den Überschuß Irritationen im energetischen Kontinuum auftreten.

Der andere Grund für potentielle Nachteile durch Heilfrequenzen ist ihre Anfälligkeit für Einflüsse. Eine Energie mit einer bestimmten Frequenz kann immer durch andere Frequenzen beeinflußt und so in ihrer Wirkung verändert werden. Die Bioresonanztherapie kann durch die mentale Haltung des Therapeuten beeinflußt werden, Kristalle können negative wie positive Fremdenergien aufnehmen, ebenso Orgonstrahlen und andere Energieformen dieser Art. Da wir nie ausschließen können, daß disharmonische Energien in unserem Umfeld vorhanden sind, können wir auch eventuelle negative Wirkungen durch die Anwendung frequenzspezifischer Energien nie ganz ausschließen. In naturheilkundlichen Kreisen trifft man oft auf die Einstellung, daß alle Therapien der Alternativmedizin nur positive Resultate hervorbringen und schädliche Nebenwirkungen nur in der Schulmedizin existieren. Diese Einstellung entspricht aber nicht den Tatsachen und ist wenig hilfreich, wenn es uns in erster Linie um die Gesundheit der Menschen und nicht um unser Ego geht.

Tachyon heißt die Antwort

Die Frage, wie die beiden oben erläuterten Nachteile für energetische Therapieverfahren doch umgangen werden können, wird durch die Nutzungsmöglichkeit der Tachyon-Energie beantwortet. Tachyonen sind Nullpunkt-Energie in Partikelform. Sie haben keine spezifische Frequenz und enthalten alle Informationen für unser vollkommenes energetisches Kontinuum. Durch diese Vollständigkeit ist die Wirkung der Tachyon-Energie wirklich universal und nicht auf einen bestimmten Aspekt des energetischen Kontinuums beschränkt. Da Tachyonen keine spezifische Frequenz haben, können sie nicht durch Fremdenergien beeinflußt werden, denn eine Frequenz kann eine frequenzlose Energie nicht beeinflussen.

Ein ganz entscheidender Unterschied zwischen Tachyon-Energie und allen anderen Energien besteht darin, daß sie keine spezifische Wirkung auslöst. Durch die Tachyon-Energie erhält das energische Kontinuum Zugang zu einem allumfassenden Energiebüffet, von dem es sich nimmt, was und wieviel es braucht. Wir steuern also selbst die Wirkung, die Tachyon-Energie auf uns ausübt. Durch die Lebensintelligenz unseres energetischen Kontinuums entstehen somit ausschließlich positive Wirkungen.

Nun könnte man einwenden, daß manche Menschen sehr stark selbstzerstörerischen Mechanismen unterworfen sind. Könnte Tachyon-Energie diese Mechanismen vielleicht nähren, indem sie sich am Energiebüffet bedienen? Die Antwort ist nein, denn für solche Kräfte gibt es in der Nullpunkt-/Tachyon-Energie keine Information. Wenn eine Person in ihrer Lebensausrichtung sehr stark von destruktiven Kräften bestimmt ist, kann Tachyon-Energie entweder helfen, diese Disharmonien zu lösen, oder diese Person wird eine Abneigung gegen Tachyon-Energie haben und sie nicht an sich heranlassen.

Die Wirkungen der Tachyon-Energie im Überblick

- Durch Tachyonen erhält der gesamte Komplex der feinstofflichen und physischen Ebenen des energetischen Kontinuums Zugang zu allen Informationen, die zur Selbstheilung notwendig sind. Für jede Energieblockade, Disharmonie, jeden Mangel an Energie oder Ordnung in unserem Körper-Geist-Komplex können wir durch die Tachyon-Energie die passende Antwort finden.
- Da unser Körper-Geist-Komplex selbst entscheidet, welche Wirkung er zuläßt, sind die Effekte der Anwendung immer positiv. Es kann geschehen, daß ein Mensch keine Wirkung durch Tachyon-Energie verspürt, wenn Teile seiner Psyche sehr stark an bestimmten Blockaden festhalten oder die Bereitschaft für Erkenntnis- und Wandlungsprozesse fehlt. Dies tritt aber erfahrungsgemäß sehr selten auf.
- Da sich Tachyonen mit Überlichtgeschwindigkeit bewegen, unterliegen sie nicht der linearen Zeit. Daher können Tachyonen Zellen oder Körperteile in der Zeit rückwärts führen und durch Bifurkationspunkte leiten, die

schon lange zurückliegen. Da nun durch die Tachyon-Energie Attunment mit der Nullpunkt-Energie herrscht, kommt es zur Umkehrung der degenerativen Vorgänge, die durch die Bifurkationspunkte ausgelöst wurden.

- Tachyon-Energie wirkt umfassend, so daß bei einer Verbesserung körperlicher Krankheitszustände auch die Bewußtwerdung bezüglich der emotionalen Ursachen der betreffenden Krankheit gefördert wird.
- Tachyon-Energie ermöglicht ein direktes Attunment mit der kosmischen Nullpunkt-Energie. Dadurch wird es wesentlich leichter, in Bifurkationspunkten Quantensprünge in höhere Ebenen von Harmonie, Gesundheit und spiritueller Entfaltung zu vollziehen. Entropie wird in negative Entropie umgewandelt, das ganze System entwickelt sich in eine positive Richtung.
- Tachyon-Energie erzeugt vereinheitlichte Energiefelder. Daraus ergeben sich zwei sehr wichtige Anwendungsmöglichkeiten. Elektromagnetische Felder (EMFs), die durch Wechselstrom erzeugt werden und in unserer übertechnisierten Welt eine große Belastung für die Gesundheit darstellen, verlieren ihre schädigende Wirkung, wenn sie durch ein vereinheitlichtes Feld kohärent werden. Elektrosmog von Haushaltsgeräten, Bildschirmstrahlung von Computern sowie geopathische Störfelder können somit zum großen Teil neutralisiert werden.

Der andere Vorteil der vereinheitlichten Felder durch Tachyon-Energie wirkt sich in der direkten Anwendung am Körper aus. Im normalen Wachbewußtsein befindet sich das Gehirn meistens in einem Zustand, in dem eine der beiden Gehirnhälften dominiert. Wir können entweder rational (linke Gehirnhälfte) oder intuitiv (rechte Gehirnhälfte) operieren, aber eine Ausgewogenheit ist sehr schwierig zu erreichen. Der beschriebene Zustand entspricht einem EEG von 13-30 Hz und wird als Beta-Zustand bezeichnet. Er ist charakteristisch für das fragmentierte, disharmonische Bewußtsein der meisten Menschen.

Wenn sich das Gehirn im Beta-Zustand befindet, ist auch die mit dem Herzchakra und dem physischen Herz verknüpfte Energie disharmonisch. Die Herzenergie hat zwölf verschiedene Schwingungsaspekte, die diskohärent sind, wenn im Gehirn Disharmonie vorherrscht. In diesem Zustand ist auch die Verbindung der Energie des Herzens und des Gehirns mit dem Magnetfeld der Erde gestört.

Wenn nun durch Tachyon-Energie das Gesamtenergiefeld des Körpers in ein einheitliches Feld gebracht wird, entsteht eine harmonische, kohärente Energie im Herzchakra. Diese beeinflußt das Gehirn, so daß die beiden Gehirnhälften ausgeglichen werden und sich die Gehirnfrequenz eher im Alpha-Bereich (7,85-13 Hz) befindet. Das Gehirn ist in diesem Zustand aufnahmefähiger und kreativer. Das Herz ist in einem harmonischen Energiezustand, in dem die ihm innewohnende Liebe leichter wahrnehmbar ist. Herz- und Gehirnenergie gleichen sich viel leichter dem Magnetfeld der Erde an, so daß die Verbundenheit mit ihr tiefer wird und unser ganzes System energetisiert und geerdet wird.

Die Frequenz der Erde und damit die eines ausgeglichenen Gehirns und Herzens wurde bislang mit 7,85 Hz angegeben. Nach neuen Messungen soll die Erdschwingung sich mittlerweile auf 9,2 Hz erhöht haben, so daß in einem kohärenten Energiefeld des Menschen auch diese 9,2 Hz vorherrschen würden. In jedem Fall aber ist ein Mensch mit einem einheitlichen Energiefeld der Energie der Erde verbunden und angeglichen.

Natürlich können diese Wirkungen der Tachyon-Energie nur dann voll zum Tragen kommen, wenn wir ein harmonisches, bewußtes Leben führen. Innerhalb einer solchen Lebensweise jedoch ist die Wirkung der Tachyon-Energie eine große Hilfe, um in tieferer Harmonie mit uns selbst und allem Leben zu sein.

Die Geschichte der modernen Tachyonnutzung

Es ist anzunehmen, daß die Nutzung von Tachyon-Energie in alten Hochkulturen bekannt war. In der modernen Zeit begann die Wiederentdeckung der Tachyon-Energie und ihres gewaltigen Potentials mit den revolutionären Erfindungen von Nikola Tesla (1856-1943).

Im Sommer 1931 führte Nikola Tesla, gemeinsam mit seinem Neffen Peter Soro, erfolgreiche und gut dokumentierte Tests an einem Motor durch, der ohne sichtbare Energiequelle ein Auto zum Fahren brachte. Es handelte sich um einen Pierce Arrow, ein großes, schweres Luxusauto der damaligen Zeit. Über viele Jahre hatte Tesla an einer Methode zur Nutzung der Nullpunkt-Energie als einer Alternative zu den von ihm erfundenen Wechselstrom-Generatoren gearbeitet. Sein Sponsor, George Westinghouse, dem durch die Verbreitung einer solchen Methode viel Geld entgangen wäre, verhinderte Teslas Erfolg mit allen Mitteln. Schließlich trennte sich Tesla von Westinghouse und arbeitete ganz auf sich allein gestellt weiter. Mit seinem „Freien-Energie-Konverter", der seinen Automotor antrieb und dabei, ohne jeden Brennstoff auskommend, Geschwindigkeiten von 130 km/h erreichte, war Tesla am Ziel angelangt – jedenfalls beinahe. Die Technik funktionierte, und eigentlich hätten damals alle Probleme, die sich aus der Nutzung fossiler Brennstoffe ergeben, gelöst werden können. Doch wenige Monate nach seiner Erfindung stellte die Herstellerfirma der Pierce-Arrow-Wagen ihre Produktion für immer ein. Es ist mit an Sicherheit grenzender Wahrscheinlichkeit anzunehmen, daß einflußreiche Kreise, die durch Teslas Erfindung Geld verloren hätten, diesen Schachzug vollführten, der Tesla für immer die Möglichkeit nahm, seine Technologien zu verbreiten.

Teslas Konverter war wahrscheinlich das erste Tachyon-Gerät der Neuzeit. Da der Konverter freie Energie in nutzbare elektrische Energie umwandelte, muß man zwingend Tachyonen als das Bindeglied zwischen der freien und der nutzbaren Energie in dieser Technologie annehmen. Mit diesem Konverter wäre ein Antrieb von Fahrzeugen aller Art ebenso möglich wie die Stromerzeugung für Häuser und industrielle Anlagen.

Ein anderer Pionier der Tachyon-Energienutzung war Dr. T. Henry Moray aus Salt Lake City. Ihm gelang die Konstruktion eines Konverters für freie Energie, der bei nur 28 kg Eigengewicht eine Leistung von 50 Kilowatt erbrachte. Am 13. Juli 1931 meldete Dr. Moray seine Erfindung beim amerikanischen Patentamt an. Das Patentamt – in seiner unendlichen Weisheit! – bestätigte, daß Dr. Morays Maschine perfekt funktionierte und ohne sichtbare Energiequelle 50 Kilowatt erzeugte. Da aber die Energiequelle unsichtbar war und nicht nachgewiesen werden konnte, wurde Dr. Morays Antrag auf ein Patent abgelehnt.

Wie Nikola Tesla scheiterte auch Dr. Moray an den ignoranten Kreisen in Politik und Wirtschaft, die eine Zukunft ohne fossile Brennstoffe und Nuklearenergie in ihrer Kurzsichtigkeit verhinderten. Bis zu seinem Tod im Jahr 1974 gab Dr. Moray sein Wissen an kleine Gruppen von interessierten Personen weiter. Ebenso wie auf Tesla wurden auf ihn Anschläge verübt, was Dr. Moray natürlich sehr vorsichtig und zurückhaltend werden ließ, wenn es um die Bekanntmachung seiner Erfindung ging. Seit Dr. Morays Tod hat sein Sohn seine Arbeit fortgesetzt, um die fehlenden Beweise für die Energiequelle in dieser Technologie zu erbringen.

Der Ausweg aus der Krise

Die Geschichte von Nikola Tesla und Dr. Henry Moray führt zu einigen sehr wichtigen Schlußfolgerungen. Wir sehen, daß die globalen ökologischen und sozialen Probleme, die sich aus den bisher verwendeten Technologien zur Energieerzeugung ergeben, längst gelöst werden könnten. Die Technologien, die ohne unerwünschte Nebenwirkungen die ganze Menschheit mit Energie versorgen könnten, existieren bereits, sie funktionieren und mit ihrem Einsatz müßte nicht mehr gewartet werden.* Was wir aber ganz offensichtlich noch nicht haben, ist eine Reife im Bewußtsein, ein Grad des Erwachens, der den Einsatz dieser Technologien ermöglichen würde. Man kann es sich natürlich leicht machen und alle Schuld diesbezüglich auf die ignoranten Politiker und die habgierigen Mächtigen in der Wirtschaft abwälzen. Von einem spirituellen Standpunkt aus betrachtet sind aber die Machthaber auch nur ein Spiegelbild der Gesellschaft, aus der sie hervorgehen. Eine in Harmonie und Güte lebende Menschheit könnte keine ignoranten und habgierigen Führungspersonen hervorbringen.

So großartig Erfindungen wie Freie-Energie-Konverter auch sind, sie sind nicht die ursächlichen Lösungen unserer globalen Probleme. Diese Lösungen können nur in einer Wandlung im Bewußtsein jedes einzelnen und der Rückkehr zu einem Zustand von Harmonie, Ausgeglichenheit und Heilung, individuell wie global, bestehen. Ist dieser Wandel vollzogen, wird die Anwendung alternativer, lebensfreundlicher Technologien von ganz alleine erfolgen.

Was wir also brauchen, sind keine neuen Maschinen zur Energieerzeugung – die von Tesla und Dr. Moray reichen

---

* Nähere Informationen zum heutigen Stand der Freien-Energie-Forschung im Bereich der Stromerzeugung finden sich regelmäßig in dem Magazin Raum & Zeit.

völlig aus –, sondern Möglichkeiten, uns selbst und andere auf dem Weg zu Heilung und spiritueller Entfaltung zu unterstützen. Könnte Tachyon-Energie hierbei auch von Nutzen sein? Da wir über Tachyon-Energie Zugang erhalten zu dem Zustand vollkommener Gesundheit und Harmonie, der in der Nullpunkt-Energie vorgegeben ist, müßte Tachyon-Energie für diesen Bereich eigentlich ein gewaltiges Potential in sich tragen.

Auf dem Weg zur Tachyon-Revolution

Seit den Erfindungen von Tesla und Dr. Moray hat sich im Bereich der Erforschung freier Energie viel getan. Bereits in den zwanziger und dreißiger Jahren entwickelten Physiker wie Seretzow, Stanyukowiz und Sluneiderov die Theorie von Gravitationsfeldern aus freier Energie. 1953 vervollständigte Dr. Nieper diese Theorie und zeigte auf, daß die Existenz freier Energie zwangsläufig auch Felder oder Partikel dieser freien Energie bedingt. Dr. Niepers Theorien wurden von zahlreichen Meßdaten von NASA-Satelliten, die zwischen 1967 und 1971 erfaßt wurden, bestätigt. Mit Dr. Nieper kam auch zum erstenmal ein bedeutender Wissenschaftler auf die Idee, freie Energie für medizinische Zwecke zu nutzen.

1966 beschrieben, unabhängig voneinander, Gerald Feinberg und George Sudershan die Gravitationsfeld-Energie genauer als je zuvor. Feinberg nannte diese Energieform Tachyon, aus der griechischen Wurzel für „hohe Geschwindigkeit". Sowohl Feinberg wie Sudershan beschrieben Tachyonen als Teilchen mit realer Energie und imaginärer Masse, die sich mit Überlichtgeschwindigkeit bewegen.

Die Existenz der Tachyonen ist nach Dr. Nieper spätestens seit 1975 voll und ganz erwiesen. Andere namhafte

Wissenschaftler, die diese Ansicht teilen, sind z.B. Professor Shinishi Seike, der Leiter des japanischen Gravitations-Forschungslabors, Todeschini aus Italien, Pages aus Frankreich, Kooy aus Holland und Wyniatt aus Neuseeland. Sie alle teilen die Auffassung, daß ein Tachyon extrem reich an nutzbarer Energie ist.

Bereits in den frühen sechziger Jahren eröffnete der französische Wissenschaftler Andre Priore ein neues Kapitel in der Geschichte der Tachyon-Forschung, als er sich auf den therapeutischen Nutzen von Tachyon-Energie konzentrierte. Priore erhielt ein Patent auf ein von ihm entwickeltes Gerät, das diskohärente Energiefelder magnetisiert und in einen kohärenten Zustand überführt. Er konzentrierte sich in seiner Forschungsarbeit vor allem auf die Anwendung seines Geräts bei Krebs. Der Erfolg war so groß, daß die Schulmedizin Priores Methode mit allen Mitteln bekämpfte und ihre Wirksamkeit bestritt. Erst Mitte der achtziger Jahre erhielt Priores Technologie Unterstützung aus wissenschaftlichen Kreisen in Frankreich.

Allen Widerständen zum Trotz hat die Tachyon-Ära begonnen. Die verschiedenen Wissenschaftler, die am Aufbruch in diese neue Ära mitwirkten, haben den Boden bereitet für die Tachyon-Revolution, die nun begonnen hat.

David Wagner

Bis zu Beginn der neunziger Jahre war die Existenz der Tachyon-Energie ausreichend bewiesen, verschiedene Ansätze, diese Energie zu nutzen, waren ebenfalls vorhanden. Was nun noch fehlte, war eine konkrete, praktische Methode, um das grenzenlose Tachyon-Potential für das Wohl des Lebens auf der Erde verfügbar zu machen.

Mittlerweile gibt es diese Methode, was dem Lebenswerk eines Mannes zu verdanken ist, der als einer der bedeutendsten Erfinder und spirituellen Lehrer unserer Zeit in die Geschichte eingehen wird: David Wagner, ein Amerikaner mit deutschen Vorfahren, der heute in der Nähe von Santa Rosa, Kalifornien, lebt.

David hat sich für dieses Leben eine außergewöhnliche Familie ausgesucht. Seine Urgroßeltern mütterlicherseits waren sehr religiöse Menschen, die nach der Bibel lebten. Sie interpretierten die Bibel jedoch anders als die offiziellen Kirchen und lebten ein wirklich spirituelles Leben im Geist des Urchristentums. Gleichzeitig betrieben sie eine große Farm, mit der sie ihre ganze Umgebung mit Nahrung versorgten. Ihre Spiritualität befand sich also in einer vollkommenen Harmonie zu einem praktischen, nützlichen äußeren Leben. Davids Großeltern wirkten als christliche Missionare in Mexiko. Auch sie lebten ein spirituelles, urchristliches Leben. Während seiner Kindheit verbrachte David jedes Jahr drei bis vier Monate bei seinen Großeltern, deren Einfluß auf seine eigene Entwicklung sehr wichtig war.

Auf der väterlichen Seite sind seine Vorfahren seit drei Generationen Heiler und Kristallexperten, eine Tradition, die David fortgesetzt hat. Angesichts des tiefen spirituellen Verständnisses, das in dieser Familie vorhanden war, ist es kein Wunder, daß David Wagner selbst in seinem spirituellen Erwachen sehr gefördert wurde. Im Alter von sieben Jahren wurde sich David seiner Verbindung mit einem spirituellen Führer bewußt, den er John nennt. Zur gleichen Zeit entwickelte er die Fähigkeit, alles zu hören, was Menschen denken. Anstatt ihm diese Erfahrungen auszureden und das Kind zum Psychotherapeuten zu schicken, unterstützte Davids Familie die Entfaltung seines Bewußtseins und seiner Fähigkeiten.

John übte einen tiefgreifenden Einfluß auf den Lebensweg von David aus und leitete ihn bei jedem Schritt. Die Fähigkeit, Gedanken zu hören, war jedoch einige Jahre eine Quelle von Schwierigkeiten für David, denn er konnte anfangs nicht unterscheiden, ob jemand einen Gedanken nur gedacht oder ausgesprochen hatte. Schließlich aber lernte er, auch diese Fähigkeit nur vorteilhaft zu nutzen. Da ihm notwendige Informationen nach Belieben innerlich zur Verfügung standen, konnte er die Schule frühzeitig abschließen und mit einem Stipendium sein Ingenieurstudium beginnen.

Der Aufbruch

Nach seinem Studium arbeitete David Wagner als Ingenieur in der Computerbranche. Durch seine Möglichkeit, sich Zugang zu Wissen auf direktem inneren Weg zu verschaffen, war er in seinem Beruf überragend gut. Bei der dritten und letzten Firma, für die er arbeitete, Harris Digital, leitete er die Entwicklung des Boden-Luft-Kommunikationsprogramms für die amerikanische Luftfahrtbehörde. Die ihm unterstellten Ingenieure mußten ihm regelmäßig ihre Arbeiten vorlegen, wobei sie natürlich verschweigen wollten, was daran noch nicht funktionierte. Wenn David ihnen dann die Frage stellte, was denn an diesem Stück noch fehle, dachten seine Ingenieure natürlich daran – und damit wußte David es auch, ohne, daß sie es sagten, denn Gedanken hört er genausogut wie Worte.

Da David mit seinen besonderen Fähigkeiten ein wahrer Segen für seine Firma war, wurden ihm diverse Privilegien eingeräumt. Eines dieser Sonderrechte bestand darin, daß David jede erdenkliche technische Ausrüstung von der Firma finanziert bekam, ohne darüber Rechenschaft ablegen zu müssen, was er damit tun wollte. Mit auf diese Weise gesponsortem Material begann David, neben seiner beruflichen Tätigkeit an technischen Methoden zur Harmonisierung elektromagnetischer Felder zu arbeiten. Hier bereits entwickelte er, ohne es zu wissen, technische Grundlagen für die Herstellung der Tachyon-Produkte.

Neben seiner Karriere in technischen Berufen verfolgte David auch seine spirituelle Entwicklung immer weiter und gab Kurse in Meditation und Kristalltherapie. Mit dieser ausgewogenen Entwicklung von spirituellen und technischen Fähigkeiten bereitete er den fruchtbaren Boden für seine kommende Arbeit.

Eines Tages erschien John in Davids Meditation, wie jeden Morgen, und sagte ihm: „David, es ist Zeit, daß Du Deinen Beruf aufgibst, denn auf Dich wartet eine neue Aufgabe."

David antwortete darauf: „Eine neue Aufgabe übernehme ich gern, solange das mit dem Aufgeben meines Berufs nur ein Witz ist!"

Nun folgten monatelange „Verhandlungen" zwischen John und David, der immer neue Forderungen stellte, die für ihn erfüllt sein müßten, bevor er seine Ingenieurslaufbahn beenden wollte. Natürlich dachte sich David die unmöglichsten Dinge aus, von denen er glaubte, daß sie nie eintreffen könnten – und natürlich erlebte er dann regelmäßig, wie seine Forderungen wie von einer magischen Hand erfüllt wurden.

Eines Morgens schließlich sagte John zu David: „Heute wird etwas Besonderes geschehen, das Dein Leben verändern wird." David dachte mit Vorfreude an die Möglichkeit, vielleicht einen neuen Lehrer oder etwas Hochinteressantes kennenzulernen. Als David an diesem Tag im Büro einen großen Aktenschrank verrücken wollte, geschah „das Besondere", der Schrank fiel in voller Lebensgröße auf David, was bei ihm einen dreifachen Bandscheibenvorfall verursachte. Als er da auf dem Boden mit fürchterlichen Schmerzen lag, fiel ihm Johns Ankündigung wieder ein. Trotz der Schmerzen mußte David nun plötzlich lachen, als er sah, auf welch unerwartete Art sich die Vorhersage erfüllt hatte.

Nach mißglückten Operationen war David Wagner schwerbehindert, er hat heute noch einen Behindertenausweis vom Staat Kalifornien. Um sich von seiner Verletzung zu heilen, die es ihm unmöglich machte, zu gehen oder zu sitzen, vervollständigte David sein Gerät zur Harmonisierung elektromagnetischer Felder. Damit konnte er sich wieder halbwegs mobilisieren. Auf einer Messe lernte er dann Produkte einer japanischen Firma kennen, die Materialien so in ihrer Struktur verändert, daß sie Photonenenergie abgeben. David empfand diese Energie als identisch mit der seines selbstgebauten Geräts und testete die Produkte. Trotz ihrer positiven Wirkungen fühlte er, daß dieses Verfahren noch wesentlich verbessert werden konnte.

Schließlich sah er in einer Meditation einen Vorgang, der bestimmte Materialien im subelektronischen Level so restrukturiert, daß diese zu Antennen für Tachyon-Energie werden. Diesen Vorgang bezeichnet man heute als tachyonisieren. Tachyonisierte Materialien wären natürlich ein Schlüssel für Quantensprünge in ganzheitlicher Heilung und spiritueller Entwicklung, da Tachyon-Energie dem gesamten energetischen Kontinuum eines Menschen Zugang zur kosmischen Energie gibt. David setzte seine Vision sofort in die Tat um und baute ein Gerät zum Tachyonisieren. Über ein Jahr testete er seine tachyonisierten Produkte an über 1000 Menschen, um ihre Wirksamkeit zu überprüfen. Im Frühjahr 1992 ging er schließlich mit seiner Firma namens Advanced Tachyon Technologies an die Öffentlichkeit.

Mit den tachyonisierten Produkten von Advanced Tachyon Technologies ist die (Wieder-)Entdeckung der Nutzung von kosmischer Nullpunkt-Energie vollendet. Tachyon-Produkte sind einfach Antennen, die Nullpunkt-Energie in für Lebewesen nutzbare Tachyon-Partikel umsetzen. In einer Zeit, da überall auf der Welt immer mehr Menschen nach mehr Harmonie mit der Natur,

Gesundheit und innerer Entwicklung suchen, kann Tachyon-Energie als äußerst wertvoller Katalysator dienen, um dieses globale Erwachen zu fördern.

Tachyonisierte Produkte und ihre Anwendungen

Tachyonisierte Zellen

Die tachyonisierten Glaszellen sind sehr vielseitig anwendbar, wobei grundsätzlich zwischen den weißen/opalfarbigen und den farbigen unterschieden werden muß.

Die weißen/opalfarbigen Zellen geben die Tachyonenergie auf der **runden** Seite ab. Sie eignen sich daher bestens, um sie in die Akupressurpunkte zu drücken und dort festzukleben. Viele Ärzte und Heilpraktiker haben ihre Anwendung von Akupunktur, Akupressur, Shiatsu, Vitaflex und ähnlichen Systemen durch diese Tachyon-Zellen bereichert.

Die farbigen Zellen eignen sich dafür, an allen Körperstellen außer Druckpunkten befestigt zu werden. Bei Schmerzen haben sich die blauen Zellen am besten bewährt.

Um das Immunsystem zu stärken, klebt man eine Tachyon-Zelle auf der Höhe der Thymusdrüse auf das Brustbein. Auf die gleiche Art kann natürlich auch jedes andere Organ gestärkt werden. Eine vollständige Energetisierung des Chakra-Systems ermöglicht das Chakra-Balancing-Set aus sieben Zellen mit den sieben Farben der Hauptchakras.

Grundsätzlich ist es empfehlenswert, Zellen, die größer als 15 mm sind, nicht längere Zeit am Kopf zu tragen, da es sonst zu Energiestauungen kommen kann.

Tachyonisierte Silica-Discs

Silica-Discs sind das ideale Produkt zur Neutralisierung von Elektrosmog. Dazu werden ein bis drei Discs so am

Sicherungskasten angebracht (z.B. in die Tür geklebt), daß die Sicherungsschalter von der energieabgebenden Seite abgedeckt werden. Die Silica-Discs haben auf einer Seite eine Aufschrift, welche die energieabgebende Seite markiert.

Stellt man eine Flasche Wasser auf eine Silica-Disc, so erhöht sich das Bioenergiepotential in 5-12 Stunden auf ca. 20.000. Zum Vergleich: Leitungswasser hat ein Bioenergiepotential von 70-95, Mineralwasser von 200-300 (gemessen in Zeta-Potential). Zwei Silica-Discs auf den Boden des Kühlschranks gelegt, mit der energieabgebenden Seite nach oben gerichtet, laden die Nahrungsmittel sehr effektiv mit Energie auf. Auch homöopathische Arzneimittel, Bach-Blüten und andere Essenzen sowie Kräuter und Nahrungselemente werden durch Silica-Discs aufgeladen. Es ist allerdings zu beachten, daß solche Aufladungen langsam wieder abnehmen, wenn man das Wasser oder andere Produkte wieder von der Silica-Disc entfernt.

Computer und Fernseher können mit einer Silica-Disc in ihrer Bildschirmstrahlung entstört werden. Dabei klebt man eine Disc auf die Rückseite des Gerätes, so daß die energieabgebende Seite durch den Bildschirm auf den Anwender zeigt.

Tachyonisiertes Wasser/Tach O' Splash

Tachyonisiertes Wasser (nicht zu verwechseln mit aufgeladenem Wasser) hat ein Bioenergiepotential von 1.899.000, das mit Abstand höchste, was je bei Wasser gemessen wurde. Untersuchungen von Dr. Gabriel Cousens haben gezeigt, daß 15 Tropfen tachyonisiertes Wasser innerhalb von 20 Minuten das gesamte Meridiansystem des Menschen harmonisieren. Analysen mit der Dunkelfeldmikroskopie ergaben eine deutliche Verbesserung des Blutbilds durch tachyonisiertes Wasser. In Deutschland darf dieses Produkt auf

Grund höchst sonderbarer Gesetze nicht zum Einnehmen verkauft werden. Aus dem gleichen Grund wird es auch nicht als Wasser, sondern als Tach O' Splash deklariert.

Tachyonisiertes Silica-Gel

Mit der Freigabe des Silica-Gels für den öffentlichen Verkauf hat David Wagner jahrelang gewartet, weil dieses Produkt eine so kraftvolle Wirkung hat, daß er die Auswirkungen erst sehr genau studieren wollte. Silica-Gel akkumuliert sich im Körper, d.h., seine Wirkung geht nicht mehr verloren, weil es nicht ausgeschieden wird. Nach und nach wird das tachyonisierte Silizium in die Knochen und andere Gewebe eingebaut. Es gibt praktisch keine körperlichen oder emotionalen Beschwerden, bei denen Silica-Gel nicht sehr empfehlenswert wäre. Nach Meinung von Dr. Cousens könnte dieses Produkt der Schlüssel zur Behandlung von Osteoporose sein, aber auch bei Arthritis, Arthrose, Krebs, Migräne, Multipler Sklerose, Neurodermitis, Allergien und zahllosen weiteren Krankheiten ist Silica-Gel hervorragend geeignet.

Für die normale Anwendung ist es sehr wichtig, die Dosierungsempfehlung einzuhalten, d.h., täglich zweimal 1-2 Tropfen zu sich zu nehmen. Einsetzende Entgiftungsreaktionen können bei diesem Produkt nicht gebremst werden, da es ja nicht ausgeschieden wird. Bei einer angemessenen Dosierung sind die Wirkungen jedoch äußerst angenehm. Silica-Gel ist auch ideal für Meditation und Heilarbeit wie Reiki, Prana-Heilung etc., da es die Energieaufnahme des Körpers immer mehr erhöht, je länger es eingenommen wird.

Tachyonisierter Panther Juice

Panther Juice ist ein Produkt zur äußeren Anwendung bei Verspannungen, Energieblockaden, Arthritis, Rückenschmerzen und vielem anderen. Innerhalb von 2-3 Minuten zieht Panther Juice ins Gewebe ein und löst eine energetisierende und wärmende Wirkung aus. Rheumatische Schmerzen können in kürzester Zeit reduziert werden, besonders in Kombination mit den Tachyon-Zellen.

10-30 Tropfen Panther Juice im Badewasser energetisieren den ganzen Körper und lösen Verspannungen auf sehr angenehme Art und Weise.

Vitalizer II

ist ein tachyonisierter Gürtel, der seine Energie, im Gegensatz zu den Zellen, in alle Richtungen abgibt. Er eignet sich zur allgemeinen Stärkung, zur Energiebalance der feinstofflichen Körper sowie für leichte Rückenbeschwerden.

Flexcell

Die Flexcell ist eine biegsame Tachyon-Zelle mit gerichtetem Energiefluß. Sie ist etwa so stark wie sechs Silica-Discs zusammen. Bei chronischen Rückenschmerzen, Nierenproblemen und starken Unterleibsbeschwerden ist die Flexcell das Produkt der Wahl.

Tachyonisierte Stirn- und Armbänder

Das tachyonisierte Stirnband gleicht beide Gehirnhälften aus und ist hilfreich für Meditation und intellektuelle Arbeit. Das Modell mit Klettverschluß hat eine kleine Tasche, in die bis zu drei Tachyon-Zellen zur weiteren Verstärkung der Wirkung passen.

Die Armbänder sind geeignet zur Steigerung der körperlichen Leistungsfähigkeit sowie für Masseure und alle Menschen, die viel mit den Händen arbeiten.

Seidentücher und Schals

Tachyonisierte Seidenprodukte wie die großen Tücher und die kleineren Schals wirken harmonisierend auf den

Emotionalkörper und die Chakras. Die Seidentücher sind hervorragend für den Schlaf geeignet. Die Schals haben sich auch bei Halsschmerzen und zur Verbesserung kreativer Fähigkeiten bewährt.

Tachyonisiertes Massageöl

Das Ultra-Balance-Massageöl gibt Tachyon-Energie in die oberen Hautschichten. Massagetherapeuten in den USA sagen, daß dieses Produkt mehr neue Kunden macht und daß diese merken, wenn es nicht benutzt wird. Ein wunderbares Wohlfühlprodukt.

Tach O' Vera

Aloe Vera ist bekanntlich ein hervorragendes Heil- und Verjüngungsmittel für die Haut. Doch Tach O' Vera ist 99,8% Aloe Vera, vollständig tachyonisiert und dadurch in der Wirkung nochmals verstärkt. Tach O' Vera ist sehr hilfreich bei Neurodermitis, Schuppenflechte, Verbrennungen, Wunden, Narben, Sonnenbrand, wunder Haut.

Tachyonisierte Hautcreme

Es gibt zwei Varianten tachyonisierter Hautcremes: Vitamin A für die Hautfeuchtigkeit und Vitamin E gegen Faltenbildung. Beide sind in einer normalen, preiswerten Variante erhältlich sowie auch als Ultra-Pure-Produkt ohne die üblichen Kosmetik-Chemikalien.

Happy-Souls-Schuhsohlen

Die Happy Souls sind tachyonisierte Schuhsohlen, die sehr gut bei müden Füßen, und schmerzenden Waden, Knien oder Hüften wirken. Sehr empfehlenswert für Menschen, die im Beruf viel stehen müssen.

Cocoon

Der Cocoon besteht aus einem Gürtel mit einer tachyonisierten Aero-Faser, der entlang der Körperachse um den Körper gelegt wird, vier Silica-Discs, die an Händen und Füßen befestigt werden, sowie einem tachyonisierten Augenkissen. In diesem Cocoon liegt man 20-30 Minuten, wobei der gesamte Körper-Aura-Komplex in ein vertikal fließendes, dreidimensionales Tachyonfeld gehüllt wird.

Viele Menschen machen im Cocoon erstaunliche Erfahrungen. Emotionale Heilungsprozesse, tiefe Entspannungszustände, spirituelle Erlebnisse und ein allgemeines Wiederaufladen des gesamten Wesens mit Lebenskraft werden häufig berichtet. Der Cocoon ist auch für Therapeuten sehr gut geeignet, um die Patienten auf weitere Behandlungen energetisch vorzubereiten.

Tachyon Hugs

Ein brandneues Produkt speziell für Schmerzen an Füßen, Knien, Ellbogen und Händen sind die Tachyon Hugs („Tachyon-Umarmungen"). Die Hugs werden in drei verschiedenen Größen angeboten. Sie passen perfekt auf die entsprechenden Körperteile und sind sehr, sehr hilfreich bei Schmerzen und Steifheit in den Gelenken.

Vita Fortis

Vita Fortis ist ein neuartiges Getränk, das eine komplexe Mischung aus organisch gebundenen Mineralstoffen sowie tachyonisiertes Silica-Gel enthält. Aus dieser Kombination ergibt sich eine synergistische Wirkung, die u.a. zu einem Ausgleich des Säure-Basen-Gleichgewichts, gesünderem Bindegewebe, gestärkten Knochen, einem besseren Sauerstoffhaushalt und einem insgesamt harmonischeren Stoffwechsel führt.

Erfahrungsberichte

Frau S. Christian aus Bonn (70 J.):

Mir wurde bei einem Autounfall die linke Hüfte zertrümmert, seit 7 Jahren bewege ich mich nur noch mit Krücken. Nach anfänglicher Skepsis mußte ich feststellen, daß ich mit einer kleinen Tachyon-Zelle, die ich auf die Hüfte klebte, schon nach einem Tag besser gehen konnte und weniger Schmerzen spürte. Heute, nach drei Wochen, bin ich begeisterte Anwenderin der Tachyon-Produkte. Mein Allgemeinzustand sowie meine Laufbeschwerden haben sich enorm gebessert, und ich habe Hoffnung, daß ich irgendwann wieder ohne Krücken gehen kann.

Herr G. Stallmann, Düsseldorf:

Ich hatte beim Gehen große Probleme mit dem Knie. Auf einer Messe lernte ich Tachyon-Produkte kennen, ich kaufte eine rote Tachyon-Zelle und klebte sie auf meinen Bauch. Schon nach ein paar Tagen ließen die Schmerzen merklich nach und sind nun nach zwei Wochen fast ganz verschwunden.

Herr U. aus München:

Starke Rückenschmerzen machten mir seit 15 Jahren längeres Sitzen fast unmöglich. Durch Zufall begegneten mir die Tachyon-Produkte von Advanced Tachyon Technologies. Ich klebte mir die kleinen Zellen je 5 Stück links und rechts entlang der Wirbelsäule und hatte schon nach einer Nacht kaum noch Schmerzen. Nach 3 Wochen waren sie ganz weg.

Frau R., Einsiedeln:

Mein Mann hat eine Krebsoperation und Chemotherapie hinter sich. Seit der Operation vor über 2 Jahren plagte ihn eine chronische Augenentzündung. Sämtliche Behandlungen brachten keinen Erfolg. Als mir dann empfohlen wurde, es mit tachyonisiertem Wasser zu versuchen, war ich recht skeptisch. Nach dieser langen Zeit hatte ich die Hoffnung praktisch aufgegeben, daß sich der Zustand meines Mannes noch verbessern würde. Man versicherte mir, daß die Anwendung von tachyonisiertem Wasser den Körper mit Energie versorge, welche die Selbstheilungskräfte aktiviere. Schaden könne die Behandlung nichts.

Daraufhin besorgte ich mir von diesem Wasser und behandelte die Augen meines Mannes nach den Angaben des Therapeuten. Bereits nach drei Wochen trat eine markante Verbesserung der Augenentzündung meines Mannes ein. Er hatte erstmals nach über zwei Jahren keine Augenschmerzen mehr.

Herr G. aus Dietzenbach:

Man hat mir den Magen herausgenommen und durch den Dünndarm ersetzt. Mir ging es sehr schlecht, ich war sehr schwach, appetitlos, von grauer Gesichtsfarbe, kurz, ein Häufchen Elend. Meine Tochter besorgte mir eine große blaue Tachyon-Zelle, die ich nach anfänglicher Skepsis auf die Leiste klebte. Schon nach ein paar Tagen ging es mit mir bergauf, ich hatte wieder Energie, Appetit und rosige Wangen. Heute, nach drei Monaten, habe ich 5 Kilo zugenommen, und mir geht es blendend. Nur einmal am Anfang nahm ich die Tachyon-Zelle für drei Tage ab, um die Wirkung zu testen...nie wieder, sie ist 24 Stunden am Tag bei mir.

Frau K., Kreuzlingen:

Ich habe beruflich ein anstrengendes Pensum zu erledigen und fühlte mich oft körperlich ausgelaugt. Auch psychisch war ich unausgeglichen. Nach einem Kursbesuch war ich von den Tachyon-Produkten überzeugt und probierte das Tachyonwasser selbst aus. Anfänglich nahm ich täglich dreimal acht Tropfen. Ich spürte jeweils sofort eine starke Zunahme der Leistungsfähigkeit. Daraufhin reduzierte ich die Dosis bis auf dreimal drei Tropfen täglich. Nun fühle ich mich körperlich leistungsfähig und psychisch sehr ausgeglichen. Ganz bestimmt eine große Veränderung gegen früher.

Annelie H. aus Wiesbaden:

Bei der Renovierung meiner Küche fiel mir ein Bild auf den Spann meines linken Fußes, er wurde sofort dick. Ich rieb ihn mit Tachyon-Öl ein und klebte meinen kleinen Tachyon-Stein darauf. Über Nacht waren Schwellung und Schmerzen verschwunden, der Spann war grün und blau bis auf die Stelle, an der der Tachyon-Stein geklebt war; die Stelle hatte die normale Hautfarbe.

Herr J. K. aus Berlin:

Ich war Fußballprofi in der Bundesliga, meine beiden Knie sind mit Operationswunden übersät. Ich habe immer Schmerzen beim Joggen. In München lernte ich die Tachyon-Produkte kennen. Nach fünfzehnminütigem Auflegen eines tachyonisierten Seidensackes hatte ich abends beim Joggen seit langem mal wieder kaum noch Schmerzen. Ich arbeite seit langem mit Edelsteintherapie und war verblüfft über die immense Kraft der Tachyonenergie. Ich werde künftig die beiden Heilverfahren in meiner Arbeit verbinden.

P. Hirschfeld, Frankfurt:

Ich leide seit langem unter Arthrose im Handgelenk, eine sehr schmerzhafte Sache. Seit ich das tachyonisierte Schweißband für den Arm benutze, habe ich keine Beschwerden mehr.

Herr H. S., Oberuzwil:

Seit langem plagte ich mich mit einem Bandscheibenschaden herum. Jedesmal, wenn ich mich vergaß und einen schweren Gegenstand aufhob oder nach langem Stehen, verspürte ich tagelang starke Schmerzen.

Als ich die Tachyon-Steine kennenlernte, klebte ich jedesmal, wenn die Schmerzen kamen, einen gelben Tachyon-Stein auf die schmerzende Stelle. Innerhalb von zwei Stunden verschwanden die Schmerzen. Inzwischen hat sich mein Rücken so stark regeneriert, daß ich bereits seit Monaten kein Rückenweh mehr verspürte.

Frau H. aus Kassel:

Ich leide an Multipler Sklerose und kann fast nicht mehr gehen, wenn überhaupt, dann nur mit Gehhilfe. Auf einem Kongreß wurde ich mit den amerikanischen Tachyon-Energie-Produkten bekannt und legte mich in das Tachyon-Energiefeld. Es war eine wunderbare Reise, ich verspürte ein Kribbeln im gesamten Körper und konnte ganz tief entspannen. Ich erlebte eine Traumreise in wachem Zustand, bei der mir Jesus begegnete. Ich war begeistert.

Anmerkung: Obenstehender und nachfolgender Bericht beziehen sich auf eine Anwendung des Tachyon-Therapie-Sets (15 große Tachyon-Steine etc.)

Herr J. aus München:

Ich bin Europa-Manager einer großen Computerfirma und sehr eingespannt in meinem Beruf. Auf einer Messe lernte ich Karar mit seinen Tachyon-Produkten kennen und legte mich gleich die doppelte Zeit in das Tachyon-Energiefeld. Ich habe noch nie so leicht und so tief entspannt, ich praktiziere täglich alle möglichen Entspannungstechniken. Ich bin begeistert. Seitdem benutze ich regelmäßig die Zellen, die Augenmaske zum Meditieren und den Seidensack nachts. Auf meinen Reisen gehören sie zu meinen ständigen Begleitern. Es ist wundervoll.

Herr V. J. aus Frankfurt:

Alle paar Monate passiert es mir, daß ich einen Ausschlag am ganzen Körper bekomme, der sehr stark juckt, wahrscheinlich eine Allergie auf ein bestimmtes Lebensmittel. Ich esse viel thailändisches Gemüse.

Normalerweise hält dieser Ausschlag einige Wochen an. Als es das das letzte Mal passierte, hatte ich etwas von dem Tachyonwasser da, eigentlich für meine kranken Fische bestimmt. Ich träufelte etwas auf einen Wattebausch und betupfte die juckenden Stellen. Der Juckreiz war sofort weg, nach zwei Tagen war der Ausschlag komplett verschwunden.

Frau M. aus Dortmund:

Mir wurde mein zertrümmertes Knie operiert. Durch Bekannte erfuhr ich von den Tachyon-Produkten. Sie besorgten mir eine Tachyon-Bandage, die ich über den Gips wickelte. Der Bruch war 2-3 Wochen schneller geheilt als normal, der Chefarzt schrieb es seiner Kunst zugute.

Anna M., Feuchtwangen:

Seit 20 Jahren leide ich an innerer Nervosität, die mich nachts nicht schlafen läßt und tags fertig macht. Nichts half dagegen. Ein junger Mann drückte mir einen blauen Glasstein in die Hand und sagte, ich solle ihn eine Weile halten. Schon nach einer halben Minute entfuhr mir: „Das gibt es doch nicht." Meine ganze innere Spannung war wie weggeblasen, nach einer Minute bekam ich rosige Wangen. Diesen Stein gebe ich nie mehr her.

Frau C. W., Frankfurt:

Mein erster Kontakt mit den Tachyon-Zellen verblüffte mich sehr. Ich arbeite mit Aura-Soma und bin einiges gewöhnt. Ich legte mir einen Tachyon-Stein auf den Bauch und fühlte sofort starken Ärger hochkommen, ich mußte ihn herunternehmen, weil ich keine Zeit hatte, mich damit auseinanderzusetzen. Später habe ich Stück für Stück damit gearbeitet, heute laufe ich manchmal tagelang mit einem blauen Stein auf dem dritten Auge herum und fördere damit meine intuitiven Kräfte.

II. M., Dreieich:

Es dauerte eine ganze Weile, bis ich mich an den Tachyonanhänger um meinen Hals gewöhnt hatte. Die ersten zwei Wochen wachte ich nachts schweißgebadet, von Alpträumen geplagt, auf oder hatte überhaupt Probleme einzuschlafen. In diesen Träumen hatte ich nochmals Kindheitsängste sowie Elternprobleme aufzuarbeiten, von denen ich glaubte, daß sie längst erledigt seien.

Herr V., Freidorf:

Ich arbeite als Therapeut und habe die Erfahrung gemacht, daß Ihre tachyonisierten Schuh-Einlegesohlen für viele Patienten ein wahrer Segen sind. Der Energiehaushalt der Patienten verändert sich markant.

Herr A. B., Zürich:

Seit ich Ihr tachyonisiertes Wasser regelmäßig einnehme, fühle ich mich wohler und ausgeglichener.

Heinke Sarau,
Gesundheits- und Ernährungsberaterin,
Tachyon-Therapeutin aus Lautertal-Hörgenau

Ich arbeite seit etwa einem Jahr mit Tachyon-Produkten und habe Erfahrungen im persönlichen, familiären Bereich und mit Klienten gesammelt. Dabei wurde deutlich, daß die Behandlungsergebnisse sehr davon abhängen, wie gut das energetische Kontinuum eines Menschen funktioniert. Wer es aus der Schulmedizin gewohnt ist, schnelle „Erfolge“ zu haben, und sie bei der Behandlung mit Tachyon-Energie ebenfalls erwartet, wird unter Umständen enttäuscht werden. Gerade bei chronischen Krankheiten braucht der Körper eine Weile, bis er mit Hilfe der Tachyon-Energie die Blockaden gelöst hat, die zu Schmerzen oder Krankheit führten. Die schnellsten Resultate habe ich bei akuten Krankheiten und Verletzungen beobachtet, wenn dem Körper sofort Tachyon-Energie zur Verfügung gestellt werden konnte. Bei chronischen Krankheiten empfiehlt sich eine Kombination von Tachyon-Energie mit anderen ganzheitlichen Heilmethoden wie zum Beispiel

- Nosoden (zur Schwermetallausleitung)
- Enderlein-Medikamenten (bei Pilzerkrankungen/Mykosen)
- Kinesiologie (bei Allergien, Sucht, Ängsten, starken seelischen Blockaden)
- Farbtherapie (bei akuten und chronischen Krankheiten möglich)
- Ernährungstherapie.

Die folgenden Erfahrungen beruhen alle auf Behandlung ausschließlich mit Tachyon-Energie.

Rückenschmerzen:

Im Lendenwirbelbereich Tachyon-Zellen aufkleben (blau gegen Schmerzen oder orange gegen Blockaden im zweiten Chakra) oder die Flexcell 100 mit Tragegürtel tragen, bis die Schmerzen weg sind. Dabei kann es sich um eine halbe Stunde bis zu mehreren Tagen handeln.

Ausgerenkter Halswirbel bzw. eingeklemmter Nerv:

Schmerzen verschwanden innerhalb von zwei Tagen völlig, ebenso war die Beweglichkeit wieder voll hergestellt. Zur

Anwendung kamen Panther Juice und T.I.C.-Bars sowie Tachyon-Zellen.

Zahnextraktion:

Schmerzen und Entzündung an der Wurzelspitze (Abszeß) verschwanden innerhalb von zwei Tagen durch eine Tachyon-Zelle im Mund. Der Wundschmerz nach einer Extraktion verschwand nach ca. zwei bis drei Stunden, eine Schwellung trat nicht auf, die Wunde verheilte innerhalb von drei Tagen (zur Verblüffung des behandelnden Zahnarztes).

Asthma (aufgrund einer Darmstörung):

Der Anfall verschwand innerhalb von einer halben Stunde durch Einlauf und anschließende Tachyon-Energie-Balance. Sonst dauerte so ein Anfall mehrere Tage.

Sichtbare Wirbelverschiebung
(seitlich im Brustwirbelbereich nach Unfall):

Durch Aufkleben von Tachyon-Zellen entlang der Wirbelsäule verschwanden die Schmerzen nach zwölf Stunden. Es war keine Verschiebung mehr sichtbar, und die Beweglichkeit war wieder voll hergestellt.

Katzenallergie:

Eine Patientin zeigte keine Symptome mehr, wenn sie auf einem tachyonisierten Tuch saß und dabei T.I.C.-Bars auf sie gerichtet waren.. Die Allergie ist dadurch natürlich nicht geheilt, dazu wäre eine umfangreichere Therapie nötig. Aber das Beispiel zeigt deutlich, wie gut Tachyon-Energie dem Körper und der Seele helfen kann, dieses Problem zu lösen.

Grundsätzlich habe ich beobachtet, daß Wunden und Verletzungen schneller heilen, Entgiftungen (wie zum Beispiel Entzündungsprozesse) beschwerdefreier ablaufen,

Regenerationsprozesse schneller sind und die Konzentrationsfähigkeit zunimmt. Zu den weiteren Veränderungen im emotionalen und geistigen Bereich gehören nach Aussagen zahlreicher Patienten:

- Probleme konnten endlich erkannt und behoben werden
- sich irgendwie besser zu fühlen
- dauernd lächeln zu müssen
- morgens gleich richtig wach zu sein und nicht zwei Stunden Anlaufzeit zu benötigen
- total entspannt zu sein (nach einer Energie-Balance)
- mit dem Rauchen aufhören zu können

Tachyon-Energie in der Therapie

Die bisher beschriebenen Tachyon-Produkte sind geeignet für die eigene Anwendung. Viele Ärzte und Heilpraktiker benutzen diese Produkte, um ihre therapeutische Arbeit zu ergänzen und haben damit wunderbare Erfolge. Die kraftvollste therapeutische Arbeit mit Tachyon-Energie kann mit speziellen tachyonisierten Kristallen, den T.I.C.-Bars (Tachyon Infused Crystals) durchgeführt werden. Die T.I.C.-Bars sind in ihrer Wirkung wie 100 Silica-Discs zusammen. Wegen ihrer enormen Wirkung werden die T.I.C.-Bars nicht öffentlich verkauft. Um mit ihnen zu arbeiten, müssen bestimmte Kenntnisse erworben werden. Zu diesem Zweck werden Practitioner-Seminare angeboten. In den zwei Tagen des Practitioner-Seminars lernen die Teilnehmer die kraftvollen Methoden zur Anwendung von Tachyon-Energie im therapeutischen Bereich.

Die hier aufgeführten Erfahrungsberichte sind nur ein winziger Anteil von z.T. überwältigenden Rückmeldungen, die von Anwendern von Tachyon-Produkten kommen. Natürlich können solche Erfahrungsberichte auch manchmal von subjektiven Eindrücken beeinflußt sein. Deshalb ist es gut zu wissen, daß zahlreiche unabhängige Wissenschaftler und Ärzte Studien mit Tachyon-Produkten durchgeführt haben. Eine ausführliche Sammlung dieser Studien, die zu beeindruckend positiven Ergebnissen geführt haben, ist bei Advanced Tachyon Technologies (Adresse siehe Anhang) erhältlich. An dieser Stelle sei eine dieser Studien wiedergegeben, welche die Universalität in der Wirkung von Tachyon-Energie aufzeigt. Sie wurde durchgeführt von Dr. Gabriel Cousens, einem amerikanischen Arzt und Psychiater, der als einer der führenden Experten in der Welt für Ganzheitsmedizin, Ernährung und spirituelle Entwicklung angesehen wird. Dr. Cousens ist ein brillanter Ernährungsfachmann, Reiki-Meister, Kundalini-Yoga-Meister, Homöopath, Ayurveda-Experte... es ist eigentlich leichter, die Dinge aufzuzählen, die er *nicht* kann. In seiner Studie untersuchte er die Wirkungen von tachyonisiertem Wasser auf die verschiedenen Organe und essentiellen Körperfunktionen, indem er deren Energiezustand an den entsprechenden Meridianpunkten vor und nach der Anwendung des Wassers überprüfte. Ein Wert von 50 gilt dabei als ideal, ein Wert im Minusbereich zeigt einen erheblichen Energiemangel an, Werte über 65 eine energetische Unausgeglichenheit. Je näher sich die Werte der 50 annähern, um so besser. Auf den folgenden Seiten sind die Ergebnisse von neun Versuchspersonen aufgeführt, wobei die Werte in der linken Spalte vor der Anwendung des tachyonisierten Wassers und die in der rechten Spalte 20 Minuten nach der Anwendung gemessen wurden.

Elektro-diagnostische Studienergebnisse über tachyonisiertes Wasser

Durchgeführt von: DR. MED. GABRIEL COUSENS, Tree of Life Medical Practice, 200 Spring Hill Rd., Petaluma, CA, 94952, USA

Patient: Kathy G. Datum: 23. 6. 94

Organ/Organsystem	Vor der Einnahme v. tachyon. Wasser	Nach der Einnahme v. tachyon. Wasser
Lymphe	– 6	60
Lunge	–27	70
LI	–10	54
Nervensystem	–12	58
Neurotransmitter	–12	50
Kreislauf	70	58
Allergien	75	55
Fokaltoxizität	68	60
Stoffwechsel	52	50
Bauchspeicheldrüse	– 8	50
Hypothalamus	–23	55
Hypophyse	62	52
Nebennieren	– 9	50
HT	64	55
SI	–13	55
S/P	70	50
Leber	– 5	60
KI	74	52
Blase	– 7	58
Immunsystem	67	55

Patient: Chelo A. Datum: 23. 6. 94

Organ/Organsystem	Vor der Einnahme v. tachyon. Wasser	Nach der Einnahme v. tachyon. Wasser
Lymphe	52	58
Lunge	62	58
LI	54	54
Nervensystem	–16	56
Neurotransmitter	–16	50
Kreislauf	50	50
Allergien	52	50
Fokaltoxizität	–12	50
Stoffwechsel	50	50
Bauchspeicheldrüse	–15	54
Hypothalamus	–10	50
Hypophyse	54	50
Nebennieren	– 8	50
HT	50	50
SI	54	50
S/P	60	50
Leber	64	58
KI	–10	54
Blase	60	50
Immunsystem	62	54

Patient: Danielle W. Datum: 23. 6. 94

Organ/Organsystem	Vor der Einnahme v. tachyon. Wasser	Nach der Einnahme v. tachyon. Wasser
Lymphe	64	54
Lunge	–12	52
LI	– 8	54
Nervensystem	–14	54
Neurotransmitter	–22	50
Kreislauf	66	52
Allergien	58	56
Fokaltoxizität	–10	58
Stoffwechsel	64	50
Bauchspeicheldrüse	– 8	52
Hypothalamus	–10	54
Hypophyse	60	56
Nebennieren	–12	60
HT	62	54
SI	64	50
S/P	64	58
Leber	– 8	58
KI	64	52
Blase	62	52
Immunsystem	64	50

Patient: Jose A. Datum: 23. 6. 94

Organ/Organsystem	Vor der Einnahme v. tachyon. Wasser	Nach der Einnahme v. tachyon. Wasser
Lymphe	86	58
Lunge	66	57
LI	–12	58
Nervensystem	68	55
Neurotransmitter	–12	50
Kreislauf	52	52
Allergien	62	52
Fokaltoxizität–	22	54
Stoffwechsel	64	54
Bauchspeicheldrüse	–20	58
Hypothalamus	70	53
Hypophyse	54	50
Nebennieren	69	50
HT	64	58
SI	64	52
S/P	80	52
Leber	90	50
KI	100	54
Blase	72	56
Immunsystem	64	58

Patient: Karrie H. Datum: 23. 6. 94

Organ/Organsystem	Vor der Einnahme v. tachyon. Wasser	Nach der Einnahme v. tachyon. Wasser
Lymphe	68	52
Lunge	82	50
LI	–12	60
Nervensystem	–10	65
Neurotransmitter	–10	50
Kreislauf	60	58
Allergien	64	54
Fokaltoxizität	– 2	52
Stoffwechsel	72	52
Bauchspeicheldrüse	– 6	52
Hypothalamus	64	52
Hypophyse	58	58
Nebennieren	–11	64
HT	62	58
SI	60	58
S/P	68	54
Leber	68	58
KI	50	50
Blase	72	54
Immunsystem	74	58

Patient: Marylou D. Datum: 23. 6. 94

Organ/Organsystem	Vor der Einnahme v. tachyon. Wasser	Nach der Einnahme v. tachyon. Wasser
Lymphe	60	54
Lunge	58	54
LI	–10	52
Nervensystem	– 8	52
Neurotransmitter	–13	62
Kreislauf	64	50
Allergien	60	50
Fokaltoxizität	70	60
Stoffwechsel	52	52
Bauchspeicheldrüse	–10	50
Hypothalamus	73	52
Hypophyse	50	50
Nebennieren	–15	60
HT	64	54
SI	54	52
S/P	– 4	50
Leber	64	60
KI	64	50
Blase	80	54
Immunsystem	–22	50

Patient: Bonnie A. Datum: 23. 6. 94

Organ/Organsystem	Vor der Einnahme v. tachyon. Wasser	Nach der Einnahme v. tachyon. Wasser
Lymphe	74	50
Lunge	56	56
LI	–12	58
Nervensystem	52	50
Neurotransmitter	54	50
Kreislauf	58	52
Allergien	54	54
Fokaltoxizität	62	58
Stoffwechsel	68	58
Bauchspeicheldrüse	58	52
Hypothalamus	60	50
Hypophyse	55	54
Nebennieren	80	54
HT	65	58
SI	65	50
S/P	72	52
Leber	70	50
KI	52	54
Blase	58	52
Immunsystem	62	50

Patient: Bob W. Datum: 23. 6. 94

Organ/Organsystem	Vor der Einnahme v. tachyon. Wasser	Nach der Einnahme v. tachyon. Wasser
Lymphe	80	58
Lunge	74	50
LI	65	50
Nervensystem	68	58
Neurotransmitter	67	52
Kreislauf	54	50
Allergien	54	50
Fokaltoxizität	–20	52
Stoffwechsel	68	52
Bauchspeicheldrüse	–10	–12
Hypothalamus	–10	50
Hypophyse	53	50
Nebennieren	–24	58
HT	60	54
SI	70	54
S/P	70	58
Leber	64	54
KI	–24	64
Blase	68	52
Immunsystem	–14	64

Patient: Gene B. Datum: 23. 6. 94

Organ/Organsystem	Vor der Einnahme v. tachyon. Wasser	Nach der Einnahme v. tachyon. Wasser
Lymphe	60	50
Lunge	60	50
LI	–13	50
Nervensystem	60	50
Neurotransmitter	60	50
Kreislauf	60	50
Allergien	60	52
Fokaltoxizität	50	50
Stoffwechsel	60	50
Bauchspeicheldrüse	60	50
Hypothalamus	– 5	50
Hypophyse	60	50
Nebennieren	60	52
HT	– 5	50
SI	–10	50
S/P	60	50
Leber	59	52
KI	57	52
Blase	–8	64
Immunsystem	57	52

Eigene Erfahrungen und Beobachtungen mit Tachyon-Produkten

Da bei der Anwendung von Tachyon-Energie der eigene Körper-Aura-Komplex die Wirkung steuert, sind die beobachteten Effekte natürlich sehr individuell. Dennoch lassen sich bei vielen Problemen bestimmte Erfolge fast mit mathematischer Sicherheit wiederholen. Mit solchen dokumentierten Erfolgen könnten ganze Bücher gefüllt werden, deshalb will ich mich an dieser Stelle auf einige Erfahrungen beschränken, die ich selbst innerhalb von einem Jahr bei der Anwendung von Tachyon-Produkten bei mir und anderen gemacht habe.

Arthritis

Meine ersten Tachyon-Behandlungen gab ich einer 41jährigen Frau, die seit 24 Jahren an Polyarthritis litt. Durch Rohkosternährung und Homöopathie hatte sie ihre Krankheit so weit im Griff, daß nur noch die Hände betroffen waren, dort allerdings wurden die Symptome (Schmerzen und Steifheit) zunehmend schlimmer. Nach fünf Tachyon-Behandlungen und der Anwendung von Panther Juice an fünf aufeinanderfolgenden Tagen waren die Hände schmerzfrei und normal beweglich.

Bandscheibenvorfall

Ein Mann, ca. 30 Jahre alt, kam zu einem Seminar mit David Wagner. Aufgrund eines Bandscheibenvorfalls hatte er eine extrem gebeugte Haltung, große Schmerzen und große Schwierigkeiten bei den einfachsten Bewegungsabläufen. Er bekam auf dem Seminar zwei Behandlungen und trug danach Tag und Nacht eine Flexcell. Nach einer Woche kam er zu einem weiteren Seminar. Seine Haltung war fast völlig aufrecht, die Schmerzen größtenteils verschwunden.

Heiserkeit

Eine sehr talentierte 22jährige Frau, die gerade eine Ausbildung als Musical-Sängerin begonnen hatte, war morgens oft so heiser, daß sie nicht singen konnte. Außerdem benötigte sie eine sehr lange Vorbereitung, bevor sie ihre Stimme voll einsetzen konnte. Nach zwei Tagen mit einem Tachyon-Schal um den Hals war die Heiserkeit ebenso verschwunden wie die Notwendigkeit eines langen Einsingens.

Behinderte Kinder

Eine Frau mit einem behinderten Sohn kam zu einem meiner Vorträge. Sie erzählte mir, daß ihr Junge immer große Schlafproblem hatte. Ich hatte keine Ahnung, ob Tachyon in diesem Fall helfen würde, aber ich empfahl ihr, Silica-Discs am Kopfende von seinem Bett anzubringen. Schaden kann es ja nichts, dachte ich mir, und außerdem wollte ich dieser Frau wenigstens ein bißchen Hoffnung geben. Sie besorgte sich sofort Silica-Discs, und seitdem schläft ihr Sohn ohne Probleme.

Ein behindertes Mädchen hatte unter anderem Schwierigkeiten mit der Sprachmotorik. Eine 13 mm große Tachyon-Zelle, an der Schädelbasis befestigt, resultierte in deutlich hörbaren Verbesserungen.

Neurodermitis

Eine stark unter Neurodermitis leidende Frau war innerhalb von zwei Wochen durch die Anwendung von tachyonisiertem Aloe Vera, Wasser und einer Zelle auf der Thymusdrüse symptomfrei.

Prämenstruelles Syndrom

Mehrere junge Frauen, die unter PMS litten, erreichten innerhalb von ein bis zwei Monaten Beschwerdefreiheit durch den Vitalizer-II-Gürtel, Panther Juice und tachyonisiertes Wasser.

Knorpelschwund

Ein Bekannter, Anfang sechzig, der seit Jahren unter Schmerzen im Knie aufgrund von Knorpelschwund litt, begann Tachyon-Zellen und Panther Juice zu benutzen. Anfangs passierte nicht viel, doch nach einigen Monaten waren die Schmerzen verschwunden.

Rückenschmerzen

In allen Fällen von Rückenschmerzen, in denen ich Tachyon-Therapien gegeben habe, waren sehr große Fortschritte zu beobachten. Dabei gingen die körperlichen Heilungsprozesse immer mit einer emotionalen Heilung einher.

Ein besonders interessanter Fall war eine Frau, der eine Bandscheibe in der Lendenwirbelsäule fehlte. Seit Jahren nahm sie Schmerzmittel, hatte aber trotzdem oft starke Schmerzen. Nachdem sie eine Tachyon-Zelle im Rücken auf Höhe der fehlenden Bandscheibe plaziert hatte, waren die Schmerzen innerhalb von 10 Minuten völlig verschwunden und kehrten nicht mehr zurück.

Schmerzende Füße

Ein guter Freund, der im Beruf sehr viel stehen muß, hatte oft Schmerzen in den Füßen und Waden. Die Happy Souls befreiten ihn von einem Tag auf den anderen von diesem Problem.

Nackensteifheit

Eine junge Frau hatte so starke Verspannungen im Nackenbereich, daß sie den Kopf nicht ohne größere Schmerzen drehen konnte. Mit Panther Juice und einer 30 mm großen Zelle war das Problem nach 15 Minuten behoben.

Übelkeit

Bei mehreren Fällen von wiederkehrender Übelkeit habe ich durch Anwendung des Vitalizer II und des tachyonisierten Wassers ein vollständiges Verschwinden aller Beschwerden beobachtet.

Konzentration

Durch das Tachyon-Stirnband spüre ich bei mir selbst eine deutliche Steigerung meiner Konzentration und geistigen Leistungsfähigkeit. Die gleiche Erfahrung haben auch diverse Freunde und Bekannte gemacht.

Schlaf

Seit ich mit Silica-Discs am Kopfende vom Bett schlafe, ist mein Schlaf deutlich erholsamer geworden. Außerdem kann ich immer öfter im Schlaf bewußt bleiben, was mir früher trotz Anwendung diverser zu diesem Zweck entwickelter Meditationsübungen nicht gelungen ist. Viele Freunde berichten mir, daß durch Silica-Discs am Bett das Schlafbedürfnis um 1-2 Stunden pro Nacht sinkt.

Aufladen von Lebensmitteln

Bei vielen Früchten und Gemüsen habe ich deutliche Veränderungen in Geschmack und Haltbarkeit durch das Aufladen mit Silica-Discs beobachten können. Tomaten, Mangos, Äpfel oder Salat bleiben etwa doppelt solange frisch wie normalerweise, saure Früchte werden milder. Auch wenn dies nicht viel über die gesundheitliche Qualität der Nahrung aussagt, sind es doch interessante Beobachtungen.

Emotionale und spirituelle Reinigung

Bei vielen Freunden und Bekannten wie auch bei mir selbst hat die Anwendung des Cocoon zu erheblichen emotionalen Reinigungen und mehr Klarheit in der spirituellen

Entwicklung geführt. Der Cocoon hat sich auch hervorragend als Ergänzung zu Therapieformen wie Rebirthing, Körpertherapie, Reflexzonenmassage etc. erwiesen.

Eine sanfte, heilende Wirkung auf den Emotinalkörper haben auch die tachyonisierten Seidentücher und Schals. Mit diesen Produkten wurden auch schon oft schöne Resultate bei geistig behinderten Menschen erzielt.

Das mit großem Abstand bedeutendste Tachyon-Werkzeug für die spirituelle Entwicklung ist aber ohne Zweifel der Vortex Pendant. Die Wirkung dieses einzigartigen Werkzeugs ist so stark, daß es nicht frei verkäuflich ist. Den Umgang mit dem Vortex Pendant lernt man in den Quality-of-One-Seminaren, in denen ein einzigartiger Prozeß zur Beschleunigung und Vervollständigung der spirituellen Entwicklung vorgestellt wird. Dazu mehr im folgenden Teil dieses Buches.

Tachyon-Produkte können in ihrer Wirkung so verschieden sein wie die Menschen, denn der eigene Körper-Geist-Komplex steuert die Wirkung. Ich habe noch viel mehr an spektakulären, teilweise dramatischen Wirkungen durch die Tachyon-Energie erlebt als oben aufgeführt. Gibt es auch Menschen, bei denen Tachyon-Produkte keine spürbare Wirkung auslösen? Nun, dies ist zwar äußerst selten der Fall, kann aber auch vorkommen. Tachyon eröffnet dem Körper-Geist Zugang zu mehr Harmonie und Weiterentwicklung, aber was Harmonie und Weiterentwicklung für den einzelnen sind, entzieht sich manchmal unserer Kenntnis. Die Heilung körperlicher Symptome wäre in manchen Fällen nicht das beste für die seelische Entwicklung, wenn die Bereitschaft, die krankheitserzeugenden Gefühls- oder Gedankenmuster loszulassen, noch nicht vollständig ist. In solchen Fällen kann es vorkommen, daß durch Tachyon-Energie keine sichtbare Wirkung erzielt wird. Doch dies ist, wie gesagt, sehr selten der Fall. Machen Sie Ihre eigenen Erfahrungen mit Tachyon-Energie, und Sie werden höchstwahrscheinlich überrascht sein.

Tachyonen kombiniert mit anderen Therapien

Wegen ihrer umfassenden, unspezifischen Wirkung können Tachyon-Produkte auf unglaublich vielfältige Art und Weise mit guten Therapien kombiniert werden. An dieser Stelle sollen ein paar Anregungen in dieser Hinsicht vermittelt werden, aber die Kombinationsmöglichkeiten sind wirklich unbegrenzt. Allerdings sollte Tachyon-Energie nicht angewendet werden, wenn gleichzeitig massive zytostatische Therapien wie Chemotherapien bei Krebs, Bestrahlungen etc. durchgeführt werden. Die Tachyon-Energie würde die Wirkung dieser Therapien zum großen Teil aufheben. Wenn solche Therapien angezeigt sind (wobei man natürlich darüber diskutieren könnte, ob dies jemals der Fall ist), sollten sie durchgeführt und anschließend der Körper mit Hilfe von Tachyon-Energie wieder aufgebaut werden. In der Naturheilkunde dagegen ist wirklich alles, was einen therapeutischen Nutzen hat, mit Tachyon kombinierbar.

Homöopathie, Bach-Blüten und andere Essenzen

Alle feinstofflich wirkenden Essenzen werden in ihrer Wirkung verstärkt, wenn sie auf eine Tachyon-Silica-Disc gestellt und dadurch aufgeladen werden. Da die Tachyon-Energie keine Frequenz hat, werden die Heilschwingungen der Essenz qualitativ nicht verändert, nur verstärkt. Wie auch beim Aufladen von Wasser ist zu beobachten, daß der Aufladungsprozeß langsam zurückgeht, wenn die Essenzen von der Silica-Disc entfernt werden. Ein Aufladen von 5 bis

12 Stunden reicht aus, um einen optimalen Effekt zu erzielen. Eine weitere Verstärkung der Wirkung von Essenzen aller Art kann durch die Anwendung von tachyonisiertem Wasser direkt vor der Einnahme der Essenz erzielt werden.

Aura-Soma

Aura-Soma-Öle können natürlich auch mit Silica-Discs verstärkt werden. Ihre Wirkung wird außerdem durch tachyonisierte Seidenschals und Seidentücher erhöht.

Akupunktur, Akupressur, Shiatsu

Alle Arten von Reflexpunktbehandlungen werden hervorragend verstärkt, wenn ca. 20 Minuten vor der Behandlung tachyonisiertes Wasser angewandt wird. Die 8 mm großen Tachyon-Zellen, die speziell für Reflexpunkte an den Meridianen konzipiert wurden, ermöglichen eine Fortsetzung des Behandlungseffekts über beliebig lange Zeiträume.

Fußreflexzonenmassage

Die Happy Souls geben permanent Tachyon-Energie gleichmäßig in alle Reflexzonen am Fuß und sind somit eine ausgezeichnete Ergänzung zur Fußreflexzonenmassage.

Rebirthing

Silica-Discs, die am Kopfende des Massagetisches, auf dem der Klient liegt, so angebracht werden, daß die energiegebenden Seiten den Emotionalkörper in ein vertikal fließendes Feld (vom Kopf zu den Füßen fließend) legen, sind eine exzellente Verstärkung für die Wirkung von Rebirthing. Die an die Oberfläche angebrachten Energiemuster können dadurch leichter gelöst werden. Nach einer Rebirthingsitzung kann ein Tachyon-Seidentuch oder Schal angenehm und hilfreich sein.

Massagen

Neben dem tachyonisierten Massageöl bietet sich zur Lösung besonders verspannter Körperpartien der Panther Juice als Hilfsmittel für Massagen an.

Hydro-Colontherapie

Eine Darmreinigung durch Hydro-Colon (oder eine andere Methode) wird sehr gut ergänzt, indem eine 8 mm große Tachyon-Zelle mit der runden Seite in den Bauchnabel geklebt und dort einige Tage getragen wird.

Kristallheilung

Kristalle aller Art können durch tachyonisiertes Wasser sehr effektiv energetisch gereinigt werden. Tachyon-Zellen am Körper getragen verstärken die Wirkung der Kristallbehandlungen.

Fasten

Die entgiftende Wirkung des Fastens wird durch tachyonisiertes Wasser und eine 13 mm oder 15 mm große Tachyon-Zelle, getragen auf der Thymusdrüse, wunderbar verstärkt. Nach dem Fasten ist Silica-Gel zum Wiederaufbau gesunden Körpergewebes sehr zu empfehlen.

Logopädie

Eine blaue Tachyon-Zelle (13 mm oder 15 mm), in Höhe der Halswirbel befestigt, sowie ein Tachyon-Seidenschal sind ausgezeichnete Ergänzungen zur Sprachtherapie.

Reiki

Im Quality-of-One-Prozeß (siehe Kapitel 3) wird in der zweiten Stufe eine Technik unterrichtet, die eine Vervielfachung der bei Reiki angewandten Energie ermöglicht.

Pranaheilung

Der Effekt von Pranaheilung kann durch Tachyon-Zellen, die auf dem kranken Organ getragen werden, sehr gut ergänzt werden. Außerdem ist der Quality-of-One-Prozeß eine wertvolle Ergänzung für Pranaheiler. Dies meint z.B. auch Meister Choa, einer der bedeutendsten Lehrer des Pranaheilens, der selbst ein Quality-of-One-Seminar absolviert hat.

Wirbelsäulentherapie

Therapien, die Haltungsfehler der Wirbelsäule korrigieren, wie z.B. Alta Major, Zilgrei, Therapie nach Dorn, werden durch das Tragen des Vitalizer II hervorragend ergänzt.

Avatar, NLP, Mentaltraining

Alle Methoden, die eine Neuprogrammierung der Gedanken- und Gefühlsmuster bewirken, werden durch den Quality-of-One-Prozeß in vollkommener Weise ergänzt. Außerdem kann der Tachyon-Cocoon auf diesem Gebiet eine große Hilfe sein.

Heilung jenseits von Konzepten

Die Heilung körperlicher Krankheiten ist eine erfreuliche, wünschenswerte Sache. Wir sollten uns aber nicht einem Leistungsdruck hingeben, der nur auf sichtbare, körperliche Resultate drängt. Letzten Endes ist die Heilung unseres ganzen Wesens und die Entfaltung unserer Seele von größter Bedeutung. Manchmal kann dies auch bedeuten, daß eine körperliche Krankheit nicht geheilt wird, sondern die Heilung der Seele vollendet.

Ein gutes Beispiel für einen solchen Fall war die Mutter von Jerry Wolke, einem bekannten Pharmazeuten, der David Wagner und seine Produkte auf einer Messe in San Francisco kennenlernte. Nach anfänglich großer Skepsis wurde Jerry Wolke schließlich durch seine Erfahrungen von der Wirksamkeit der Tachyon-Produkte überzeugt und begann, Freunde und Verwandte mit dem Tachyon-Virus zu infizieren. Als seine Mutter an Krebs erkrankte, gab er ihr Tachyon-Zellen und tachyonisiertes Wasser, die sie auch widerwillig benutzte. Der Tumor hörte sofort auf zu wachsen, aber Jerrys Mutter glaubte zunächst nicht, daß dies etwas mit den Tachyon-Produkten zu tun hätte.

Zehn Monate hörte David nichts mehr von Jerry Wolke. Eines Morgens dann, als er in der Eingangshalle seines Firmengebäudes stand, kam Jerry mit seinen Brüdern zur Tür herein. Jerry zeigte auf David und sagte: „Das ist er!“ Die Wolke-Brüder gingen auf David zu, und Jerry sagte zu ihm: „Mutter ist letzte Nacht gestorben. Wir müssen reden.“ An diesem Punkt dachte David nur noch: „Oh, Sch...“

Als sich alle Anwesenden in Davids Büro gesetzt hatten, begann Jerry von dieser hartherzigen, gemeinen Frau zu erzählen, die seine Mutter noch vor zehn Monaten war. Sie mochte niemanden und das Leben erst recht nicht. Nachdem sie begann, die Tachyon-Produkte zu benutzen, geschah plötzlich eine wundersame Wandlung. Zum Erntedankfest lud sie ihre ganze Familie zu einer großen Feier ein. Über Weihnachten flog sie an die Ostküste, um ihre übrigen Verwandten zu besuchen. Nach und nach schloß sie mit jedem Menschen, den sie näher kannte, Frieden. Nach zehn Monaten schließlich sagte sie: „Nun bin ich fertig.“ Sie nahm ihre Tachyon-Zellen ab, hörte auf, das Wasser einzunehmen, und wenige Tage später ging sie friedlich in eine andere Welt.

Die Heimkehr in unser Herz, in den inneren Frieden unserer Seele, ist die größte Heilung. Auf dem Weg dahin werden sehr oft auch körperliche Heilungen erzielt, doch diese sind nicht in jedem Fall notwendig für das innere Wachstum eines Menschen. Daher erzwingt Tachyon-Energie keine körperliche Heilung, sondern hilft uns vielmehr, als ganzes Wesen zu uns selbst zu finden.

3

Vertikalität – Ein Schlüssel zur spirituellen Entfaltung

Zu allen Zeiten war der stärkste Impuls des menschlichen Geistes die Suche nach vollkommener Freude, Liebe und Vollständigkeit – nach der Wahrheit selbst. Auch wenn er nicht immer wahrgenommen wird, so ist er doch immer da, der Drang unserer Seele nach Erfüllung, nach dem „gewissen Etwas", das unser Leben vollständig macht. In allen Religionen und Kulturen gab es Mystiker und Heilige, die dieses „gewisse Etwas" nicht in äußeren Errungenschaften, sondern in Gott gesucht und gefunden haben. Sie alle haben übereinstimmend erklärt, daß unser wahres Selbst, die Seele, als Ebenbild Gottes all die Freude ist, die wir außen zumeist vergeblich suchen. Finden wir zur bewußten Wahrnehmung unserer Seele und damit zu unserer ewigen Einheit mit Gott zurück, ist die Suche vorbei, denn er ist das „gewisse Etwas".

In jüngster Zeit können wir eine große Zunahme von Interesse an wahrer Spiritualität, die über die äußeren Riten der institutionalisierten Religionen hinausgeht, beobachten. Die globale Krise in allen Aspekten des Lebens zeigt immer mehr Menschen, daß mehr technischer Fortschritt und Konsum nicht zu mehr Glück führen, sondern allenfalls dazu, daß die Menschheit mitsamt ihren Problemen irgendwann von diesem Planeten verabschiedet wird. Das wachsende Interesse an Yoga, Buddhismus, Taoismus, dem Urchristentum, die überall entstehenden Meditationsgruppen und spirituellen Gemeinschaften und unvermeidlicherweise auch ein z.T. fragwürdiger, boomender Esoterik-Markt sind nur einige Anzeichen für das globale Erwachen, das in allen heiligen Schriften für diese Zeit vorausgesagt wurde und nun stattfindet.

Sicherlich ist diese Tendenz sehr positiv und hat jetzt bereits tiefgreifende Auswirkungen auf den Verlauf der Menschheitsentwicklung genommen. Bei näherem Hinsehen zeigt sich aber, daß der Weg zur Erleuchtung, zur Gott- oder Selbstverwirklichung lang und schwierig zu sein scheint. Es gibt z.B. eine ganze Reihe erleuchteter spiritueller Lehrer, aber wie viele von ihren Schülern erreichen jemals diesen Zustand? Auch in den spirituellen Bewegungen geht es oftmals allzu menschlich zu, und meistens besteht eine nicht unerhebliche Diskrepanz zwischen dem Ideal, das angestrebt wird, und dem, was tatsächlich erreicht und gelebt wird. Warum muß das eigentlich so sein? Schließlich wird in allen spirituellen Lehren gesagt, daß wir bereits vollkommen und eins mit Gott sind und uns nur von den Begrenzungen in unserem Bewußtsein befreien müssen, um wieder unsere Göttlichkeit zu sein. Was ist daran nur so kompliziert?

Das menschliche Chakrasystem

Die Problematik in der spirituellen Entwicklung des Menschen hängt eng mit der Fragmentierung des menschlichen Bewußtseins durch die Chakras zusammen. Chakra ist ein Sanskritwort und bedeutet Rad. Die Chakras sind feinstoffliche radförmige Energiezentren, die im Energiekörper Schlüsselfunktionen für Bildung und körperliche Manifestation des Bewußtseins ausüben. Es gibt viele verschiedene Chakras, aber die wichtigsten sind die sieben Hauptchakras, die entlang der Körperachse, vom Rumpfende bis zum Scheitel, lokalisiert sind.

Das erste Chakra

Gebräuchliche Namen: Muladhara, Basis-Chakra, Wurzel-Chakra, Steißbeinzentrum
Lage: Zwischen Genitalien und After
Farbe: Rot
Symbol: Vierblättriger Lotus
Zugeordnetes Element: Erde
Sinnesfunktion: Riechen
Zugeordnete Drüsen: Nebennieren
Bewußtseinsfunktion: Das erste Chakra verbindet uns mit der Erde und enthält die primäre Lebenskraft, den Überlebenstrieb. In einem harmonischen Zustand erfahren wir durch das Wurzel-Chakra eine tiefe Verbundenheit mit der Natur und allen Lebewesen. Wir haben ein tiefes Vertrauen in das Leben, können unsere Spiritualität in den physischen Bereich integrieren und unsere Ziele leicht verwirklichen.

Im disharmonischen Zustand lenkt das Wurzel-Chakra das Denken und Fühlen des Menschen einseitig auf materiellen Besitz, Sicherheit und Sinnesbefriedigung. Das Leben wird zu einem Kampf, wie er dem sozialdarwinistischen Gesellschaftsbild entspricht. Das Reiz-Reaktionsschema der Verhaltenspsychologie entspricht dem Verhalten eines Menschen mit einem unausgeglichenen Wurzel-Chakra. Um ausgeglichen zu sein, muß die rohe Lebensenergie des Wurzel-Chakras verbunden werden mit den höheren spirituellen Wahrnehmungen der höheren Chakras. Fehlt diese Verbindung, so ist das Leben entweder einseitig auf die materiellen Aspekte ausgerichtet, oder es findet eine spirituelle Höherentwicklung statt, die nicht in das irdische Leben integriert werden kann.

Das zweite Chakra

Gebräuchliche Namen: Swadhishtana-Chakra, Sakral-Chakra, Kreuzzentrum
Lage: Auf der Höhe des Kreuzbeins
Farbe: Orange
Sinnesfunktion: Schmecken
Symbol: Sechsblättriger Lotus
Zugeordnetes Element: Wasser
Zugeordnete Drüsen: Eierstöcke, Prostata, Hoden
Bewußtseinsfunktion: Das zweite Chakra ist das Zentrum der emotionalen und sexuellen Energie. In einem ausgeglichenen Zustand hilft es uns, die Liebe des Herzens und die Göttlichkeit der Seele auf menschlicher Ebene auszudrücken. Wir können Gott durch die sinnlichen Wahrnehmungen in der Natur wahrnehmen und mit anderen Menschen einen bereichernden energetischen Austausch vollziehen. Dies kann auch liebevolle Sexualität beinhalten, aber mit einem harmonischen zweiten Chakra sind wir frei von sexuellen Trieben, die sich unbedingt entladen müssen. Sexuelle Aktivität ist dann eine Möglichkeit, kein Muß.

Bei fast allen Menschen jedoch befindet sich das zweite Chakra in einem traumatisierten, disharmonischen Zustand. Alle Gefühle von Schuld, Ablehnung, jeder in der Kindheit erfahrene Mangel an Liebe, jede Zurückweisung, die zu Schuld und Angst führenden Moralvorstellungen über Sexualität und das moderne Gegenextrem der Überbewertung sexueller Hemmungslosigkeit – all dies sitzt im zweiten Chakra fest. Daraus ergibt sich ein emotionales Verhalten, das auf die Vermeidung weiteren Schmerzes ausgerichtet ist. Besitzansprüche an andere Menschen, Projektionen eines Idealbildes auf andere, Eifersucht etc. sind nur einige Verhaltensformen, die einem traumatisierten zweiten Chakra entspringen. Auch alle Mechanismen der Selbstbestrafung, Gefühle der eigenen Wertlosigkeit und eine zwischen Unterdrückung oder übermäßigem, zwanghaftem Ausleben schwankende Sexualität weisen auf ein disharmonisches zweites Chakra hin. Die gesamte Psychologie Freuds spielt sich auf der Ebene des zweiten Chakras ab.

Auch in vielen spirituellen Traditionen wird für die Heilung dieses Chakras wenig geboten. Emotionen und Sexualität werden oftmals als etwas der geistigen Entwicklung grundsätzlich Abträgliches betrachtet und demzufolge ignoriert. Ein Ignorieren führt jedoch nicht zur Heilung unserer emotionalen Natur, sondern zu Verdrängung und Selbstsabotage. Dies hat zu einem Boom an hilfreichen wie auch dubiosen Therapien in der Esoterik-Szene geführt, die emotionale Heilung in den Vordergrund stellen. Solange aber der Mensch sein gesamtes Chakrasystem nicht grundlegend in ein vertikales, einheitliches System überführt – was im folgenden ausführlich erklärt wird – ist eine vollständige Heilung der Emotionen praktisch unmöglich.

Das dritte Chakra

Gebräuchliche Namen: Manipura-Chakra, Hara, Nabelzentrum
Lage: Bauchnabel
Farbe: Gelb bis goldgelb
Sinnesfunktion: Sehen
Symbol: Zehnblättriger Lotus
Zugeordnete Drüsen: Pankreas, Leber
Zugeordnetes Element: Feuer
Bewußtseinsfunktion: Das dritte Chakra trägt unsere innere Kraft, unser Leben zu gestalten, in sich. Im ausgeglichenen Zustand ermöglicht es uns positive Selbstdisziplin,

das Erreichen großer Ziele und ein harmonisches, auf Integration ausgerichtetes Miteinander mit anderen Menschen. Im disharmonischen Zustand führt es entweder zu einem Drang nach Macht und Kontrolle oder zu einem Opferverhalten. Menschen, die sehr dominant auftreten und andere kontrollieren wollen, und solche, die sich kontrollieren lassen, um Zustimmung zu erhalten, haben ein unausgeglichenes drittes Chakra.

Spirituelle Disziplinen, die das dritte Chakra öffnen, führen zu einem hohen Maß an Selbstkontrolle, Körperbeherrschung und Willenskraft. Asiatische Kampfkünste und verschiedene buddhistische Praktiken sind gute Beispiele dafür. Wenn aber die Verbindung zum zweiten Chakra und zum Herzen fehlt, hat diese Kraft des dritten Chakras etwas sehr Strenges, Hartes an sich, und es fehlt an der unbeschwerten Freude der Seele.

Das vierte Chakra

Gebräuchliche Namen: Anahata-Chakra, Herz-Chakra, Herz-Zentrum
Lage: In der Mitte der Brust
Farbe: Grün
Symbol: Zwölfblättriger Lotus
Sinnesfunktion: Tastsinn
Zugeordnetes Element: Luft
Zugeordnete Drüse: Thymusdrüse
Bewußtseinsfunktion: Das Herz-Chakra ist das Zentrum der Liebe Gottes im Menschen. Ein offenes Herz fühlt die bedingungslose Liebe für alles Leben in einer untrennbaren Verbundenheit mit allen Wesen. Mitgefühl und praktizierte Nächstenliebe entspringen einem offenen

Herz-Chakra. Diese Öffnung führt uns von Moral- und Ethikvorschriften, die wir nur aus Vernunft, Angst vor Strafe oder Tradition befolgen, zu dem inneren Bedürfnis, unsere Liebe mit anderen zu teilen. Die aus der Tiefe des Herz-Chakras strömende Liebe ist frei von Besitzansprüchen, Bedingungen und Eifersucht.

Da man im Herzen die Liebe Gottes fühlt, stellen viele spirituelle Traditionen dessen Öffnung und Entwicklung in den Vordergrund. Allerdings ist es wichtig, ein großes, offenes Herz auf ein solides Fundament der unteren Chakras zu stellen. In manchen spirituellen Gruppen werden die unteren Chakras ignoriert, weil ihre Energien als unrein gelten, und nur das Herz wird geöffnet. In solchen Gruppen kann vielfach eine sentimentale, abhängige Beziehung der Menschen zu einem Guru oder Lehrer beobachtet werden, die manchmal in kultisches Verhalten ausartet. Wenn die Emotionen des zweiten und dritten Chakras nicht geklärt sind, wird die intensive Liebe eines offenen Herz-Chakras von unreifen Verhaltensmustern durchzogen, die dadurch noch verstärkt werden. In einer ausgewogenen Entwicklung dagegen öffnet das Herz-Chakra uns den Zugang zu wahrhaft erfüllender Liebe und damit zu einem paradiesischen Leben

Das fünfte Chakra

Gebräuchliche Namen: Vishuddha-Chakra, Kehlkopf-Chakra, Hals-Chakra
Lage: Auf der Höhe des Kehlkopfes
Farbe: Blau
Symbol: Sechzehnblättriger Lotus
Sinnesfunktion: Gehör
Zugeordnetes Element: Äther

Zugeordnete Drüse: Schilddrüse

Bewußtseinsfunktion: Das Hals-Chakra ist das Zentrum der Kreativität und Kommunikation. Im geöffneten Zustand ermöglicht es ein freies Ausdrücken der eigenen schöpferischen Energie. Im blockierten Zustand stört es die Verbindung zwischen Denken und Fühlen, zwischen Kopf und Herz. Um das Hals-Chakra voll zu entwickeln, ist die Auflösung von hemmenden Ängsten, die uns daran hindern, uns frei auszudrücken, notwendig. Dies bedeutet, daß das zweite und dritte Chakra geklärt sein müssen, damit eine volle Entwicklung des Hals-Chakras stattfinden kann.

Das sechste Chakra

Gebräuchliche Namen: Ajna-Chakra, Drittes Auge, Christuszentrum

Lage: Zwischen den Augenbrauen

Farbe: Blau bis violett

Symbol: Zweiblättriger Lotus bzw. sechsundneunzigblättriger Lotus

Sinnesfunktion: Alle Sinne und übersinnlichen Wahrnehmungen

Zugeordnete Drüse: Hypophyse

Bewußtseinsfunktion: Das dritte Auge ist das Zentrum der mentalen Funktion, der Konzentration und der Zugang zum Christusbewußtsein. In der Bibel heißt es: „Wenn dein Auge einfältig ist, wird dein ganzer Leib Licht sein." (Matthäus 6, 22) Das einfältige Auge ist das geöffnete dritte Auge, das in tiefer Meditation Zugang zum Licht Gottes gibt. In vielen spirituellen Praktiken wie Kriya Yoga, Surat Shabd Yoga u.a. nimmt die Öffnung dieses Zentrums eine Schlüsselrolle ein. Wichtig dabei ist eine Entwicklung auch der ersten fünf Chakras, damit die transzendentalen Erfahrungen, die im dritten Auge gemacht werden, in das äußere Leben integriert werden können.

Das siebte Chakra

Gebräuchliche Namen: Sahashrara-Chakra, Kronen-Chakra, Scheitel-Chakra
Lage: Auf und über dem Scheitel
Farben: Violett, weiß, golden
Symbol: Tausendblättriger Lotus
Zugeordnete Drüse: Epiphyse
Bewußtseinsfunktion: Das Kronen-Chakra ist der Zugang zum kosmischen Bewußtsein, zu vollkommenem Verstehen und vollkommener Weisheit. Es kann erst richtig geöffnet werden, wenn die unteren sechs Chakras gereinigt und harmonisiert sind. Mit dieser Voraussetzung führt die Öffnung des Kronen-Chakras zur Erleuchtung, ohne sie eher zu einer unausgeglichenen Entwicklung und Weltflucht.

Wir sehen anhand der Bewußtseinsfunktionen der sieben Hauptchakras, wie wichtig es ist, sie alle gleichmäßig und vollständig zu entwickeln. Bei praktisch allen erwachsenen Menschen jedoch ist genau dies nahezu unmöglich, weil das Bewußtsein sich immer nur in einem oder zwei Chakras konzentrieren kann. Die Gründe für diese, dem erwachsenen Menschen eigene Fragmentierung sind der Fluß der bewußtseinsbildenden Lebenskraft durch die Energiebahnen des Körpers und die Ausrichtung der Chakras in einer unnatürlichen Art und Weise.

Vertikale und horizontale Systeme

Alle natürlichen Energiesysteme wie Bäume, alle Pflanzen, alle Tiere und kleine Kinder in den ersten Lebensjahren verfügen über ein sogenanntes vertikales Energiesystem. Die Lebenskraft, die das Bewußtsein bildet, fließt durch das Kronen-Chakra vertikal nach unten durch alle Chakras und in einer dreidimensionalen Schleife außerhalb des Körpers wieder nach oben und zurück ins Kronen-Chakra. In Abbildung 1* ist dieser vertikale Fluß am Beispiel eines Baums dargestellt.

Ein solches vertikales System ist völlig ausgeglichen. Die Chakras, die mit ihrer flachen Seite nach oben und unten ausgerichtet sind, werden alle gleichmäßig von der Lebenskraft durchströmt und sind daher alle gleich groß und vollkommen synchron entwickelt. So hoch wie die Lebenskraft in die höheren Sphären steigt, so tief ist sie im vertikalen Fluß mit der Erde verwurzelt.

Wenn ein Baby auf die Welt kommt, bringt es einen solchen vertikalen Energiefluß mit. Doch irgendwann in der Kindheit tritt eine entscheidende Veränderung ein: Die Chakras drehen sich, so daß sie mit der flachen Seite nach vorne und hinten zeigen. Das erste und das siebte Chakra behalten ihre vertikale Ausrichtung, aber die Chakras vom zweiten bis zum sechsten werden nun horizontal ausgerichtet. Man spricht dann von einem horizontalen System.

Eine mir gut bekannte Yogalehrerin erzählt auf ihren Seminaren gerne die Geschichte einer Freundin, die einen vierjährigen Sohn hatte, als sie ein zweites Kind bekam. Der Vierjährige hielt sich ständig bei seinem kleinen Bruder auf, was die Mutter natürlich wunderte. Als sie ihn fragte, warum er denn immer bei seinem Bruder sei, sagte

---

* Siehe Abbildungen 1–4 auf Seite 105 ff.

er: „Ich frage ihn, wie es ist, mit Gott zu leben, denn ich bin dabei, es zu vergessen.“ Diese kleine Geschichte zeigt uns ungefähr das Ausmaß dessen auf, was wir durch ein horizontales System verlieren.

In Abbildung 2 ist ein Mensch mit einem horizontalen System dargestellt. In diesem System ist ein freier Fluß der Lebenskraft durch alle Chakras nicht möglich. Die Lebenskraft und damit das Bewußtsein kann nur auf ein, maximal zwei Chakras konzentriert werden. Die Wahrnehmung eines horizontalen Menschen muß daher zwangsläufig fragmentiert sein, er lebt entweder im Kopf oder im Herzen oder aus dem Bauch heraus. Das Leben in seiner Fülle und Vielfalt zu erfassen ist so natürlich nicht möglich, ebensowenig wie eine umfassende, bewußte Wahrnehmung der eigenen Einheit mit Gott möglich ist.

Der horizontale spirituelle Weg

Alle bisher bekannten spirituellen Lehren sind für Menschen mit einem horizontalen Energiesystem entworfen worden, weil bisher Vertikalität nur kleinen Kindern und bereits Erleuchteten vorbehalten war. Da mit einem horizontal-fragmentierten Energiefluß eine wirklich gleichmäßige Entwicklung des Bewußtseins auf allen Ebenen des menschlichen Lebens nicht möglich ist, müssen sich horizontale spirituelle Wege zwangsläufig auf bestimmte Aspekte konzentrieren. Manche zielen auf eine Erweckung des Herzens durch Hingabe an Gott ab, manche sind auf das Öffnen des dritten Auges ausgerichtet, manche sind auch so angelegt, daß das Göttliche auch in den unteren Chakras erfahren werden soll, wie z.B. Tantra oder Tao Yoga. Im Laufe einer zunehmenden spirituellen Entwicklung wird es dem Sucher möglich, in seiner Meditation Vertikalität zu erfahren. Fortgeschrittene Praktizierende von Kundalini Yoga, Kriya Yoga und anderen effektiven Meditationssystemen werden in tiefer Meditation vertikal. Allerdings ist dies erst nach jahrelanger intensiver Übung möglich und kein stabiler Zustand. Sobald die Meditation beendet ist und der Einfluß horizontaler Menschen wieder zu wirken beginnt, drehen sich die Chakras wieder in die horizontale Ausrichtung.

Dies ist ganz normal, denn horizontale Menschen haben keine andere Möglichkeit, in irgendeine Form von energetischem Austausch oder Beziehung zu anderen zu treten, als durch das horizontale Geben und Nehmen von Energie. Solange man sein vertikales System nicht stabilisiert hat, ist dieser Einfluß zu stark, als daß wir eine durch Meditation gewonnene Vertikalität aufrechterhalten könnten. Deshalb versuchen viele spirituelle Sucher, den Kontakt mit weltlichen Menschen zu meiden oder sich zu schützen durch visualisierte Lichtblasen, Mantras, etc.

Vertikal von Anfang an!

Wir sehen, daß der horizontale spirituelle Weg zwangsläufig ein Dilemma aufweist. Von diesem Gedanken ausgehend, hat David Wagner bereits 1986 begonnen, Kurse in Vertikalität zu geben, die allerdings erfolglos blieben. Was fehlte, war die Möglichkeit, ein vertikales Energiesystem auch vertikal zu halten, wenn es mit horizontalen Menschen und Einflüssen in Berührung kommt.

Durch seine Bekanntschaft mit Marcel Vogel, einem der bedeutendsten Kristallexperten des 20. Jahrhunderts, lernte David Wagner dessen besten Kristallschleifer, Drew Tousley, kennen. Jahrelang fühlten David und Drew, daß irgend etwas Besonderes auf sie gemeinsam wartete, aber sie wußten nicht, was es war. Schließlich sah David in einer Meditation die Lösung zum Problem der Vertikalität: Eine

Tachyon-Zelle gekoppelt mit einem entlang der Mittelachse geschnittenen Quarzkristall, der am Körper getragen wird. Durch den Kristall mit seiner intakten Mittelachse würde die vertikal von oben nach unten fließende Energie der Tachyon-Zelle so verstärkt, daß die Chakras, von diesem starken Energiefluß durchströmt, vertikal werden und bleiben würden.

Einen solchen Anhänger aus Tachyon-Zelle und Quarzkristall mit intakter Mittelachse nennt man heute Vortex Pendant. Da Drew Tousley die einzigartige Fähigkeit hat, einen Kristall entlang der Mittelachse zu schneiden, war durch die Bekanntschaft von David und Drew die Geburt eines Vertikalisierungsprozesses möglich, der in Seminaren mit dem Titel Quality of One weitergegeben wird. Quality-of-One-Seminare führen den Menschen mit Hilfe des Vortex Pendants und kraftvoller Selbstentwicklungstechniken zurück in seine natürliche Vertikalität (Abbildung 3). Durch Reinigung und Erweiterung des vertikalen Systems (Abbildung 4) wird in wenigen Jahren eine immer tiefere Verbundenheit mit der göttlichen Urquelle und der ganzen Schöpfung möglich, so daß Erleuchtung hier auf der Erde in greifbare Nähe rückt.

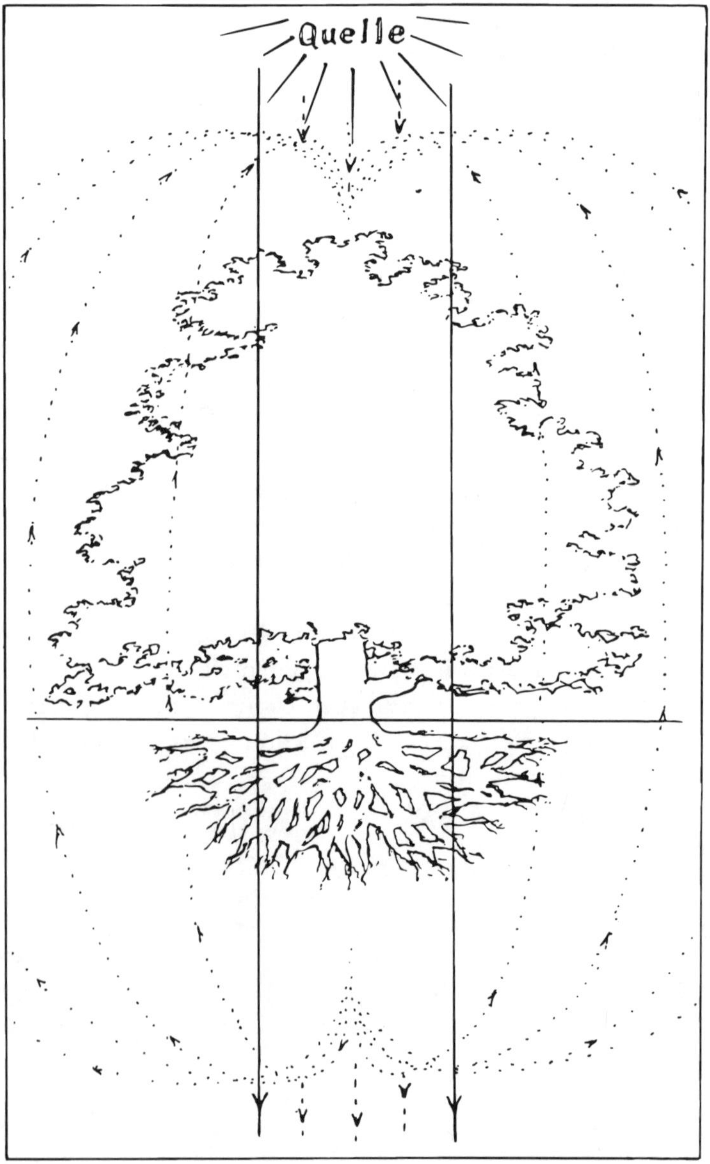

Abbildung 1

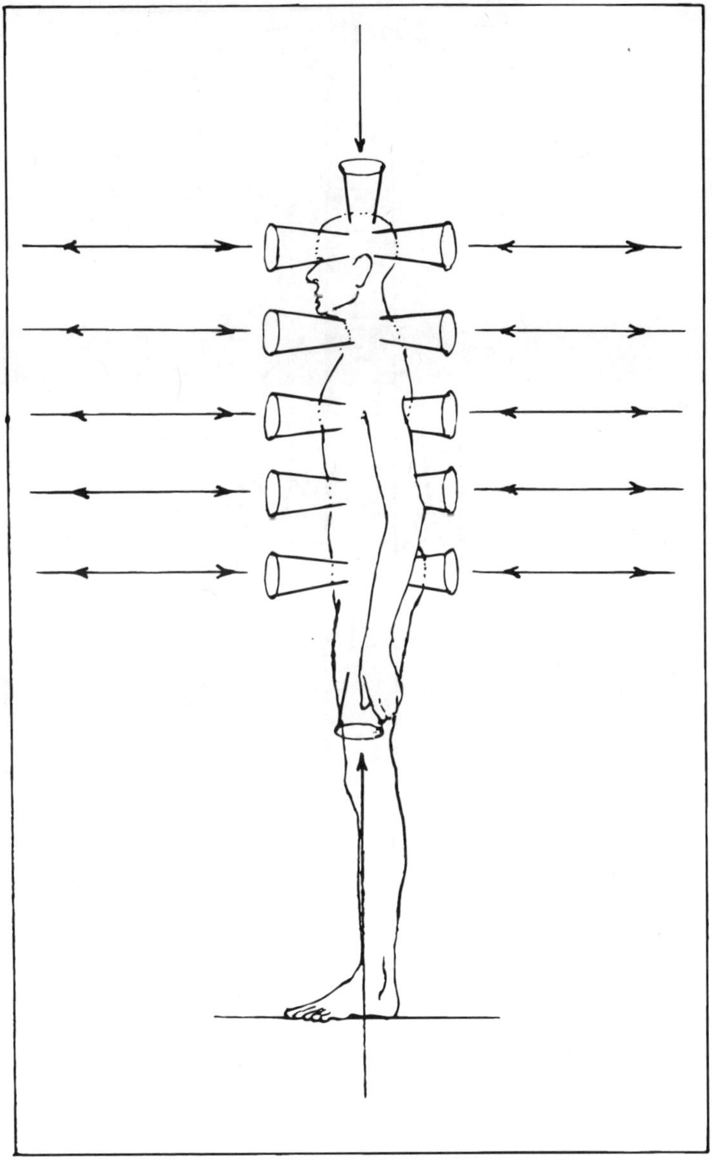

Abbildung 2

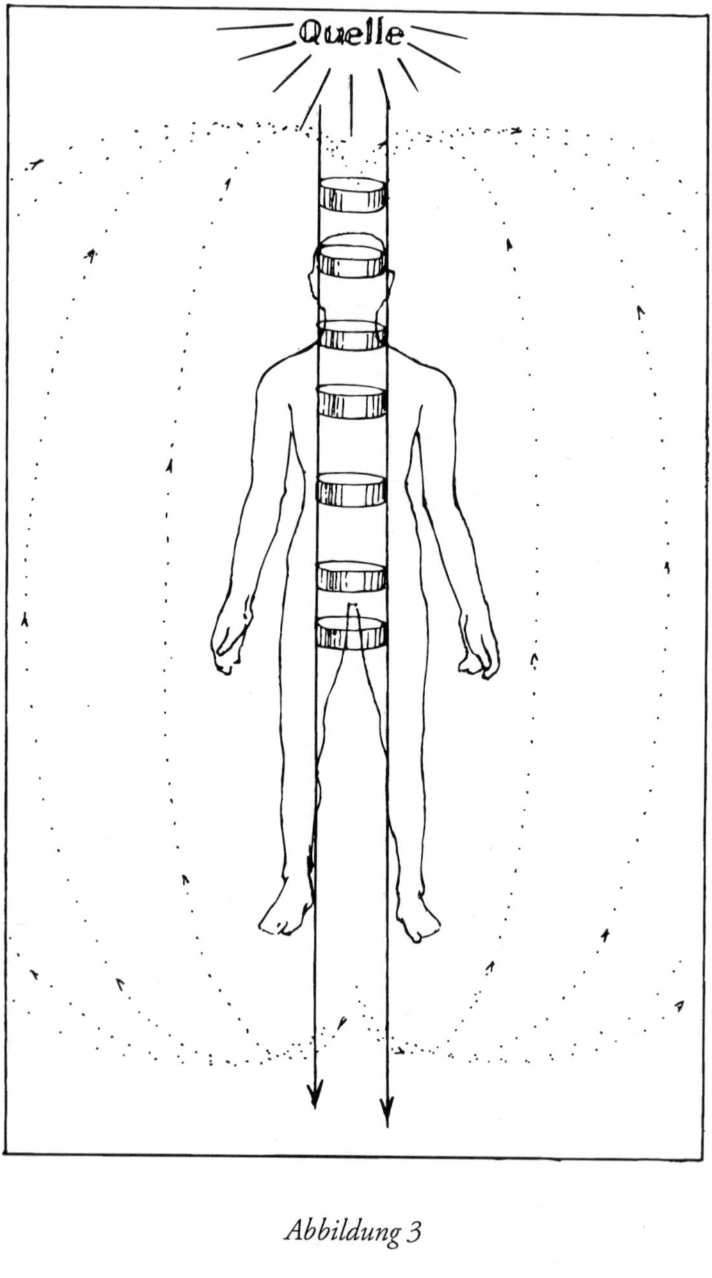

Abbildung 3

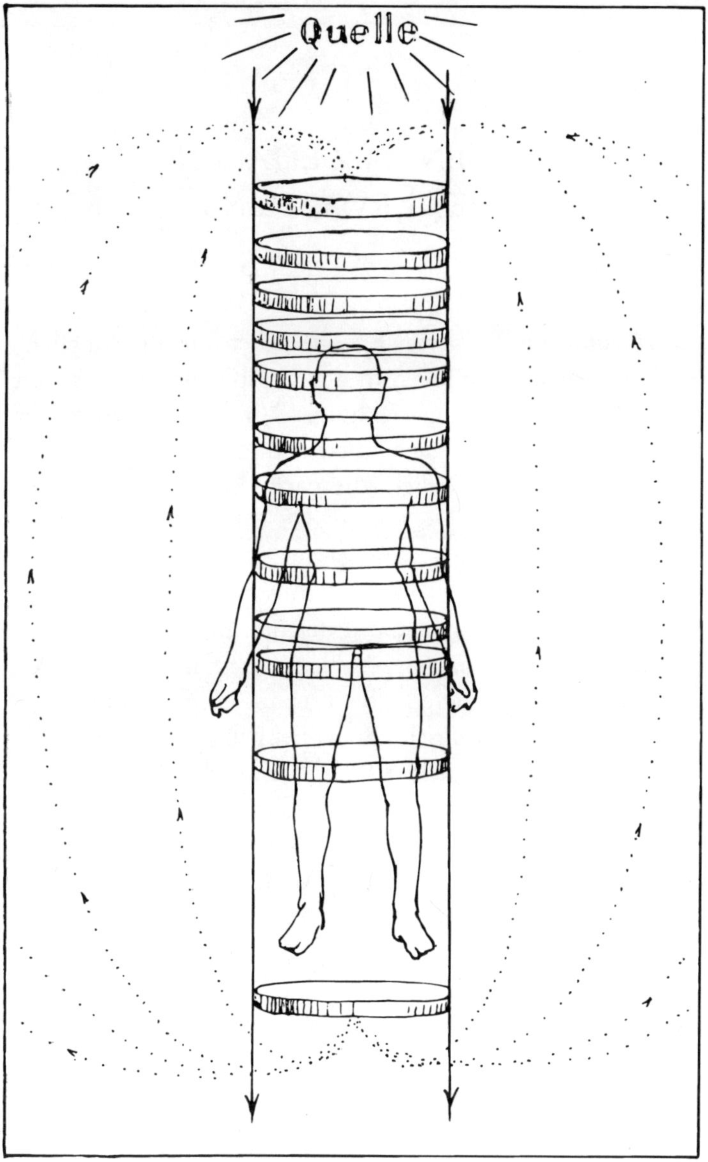

Abbildung 4

4

Leben im Zeitalter des Erwachens

Vertikalität und Tachyon-Energie geben uns die Möglichkeit zu Quantensprüngen in unserer spirituellen, geistigen und körperlichen Entwicklung. Wir müssen allerdings diese Gelegenheiten auch nutzen, und dies ist nur durch eine Lebensweise möglich, die nach den kosmischen und natürlichen Ordnungsgesetzen des Lebens gestaltet wird. Ohne eine solche Lebensausrichtung und Disziplin werden wir durch Vertikalität und die Anwendung von Tachyon-Energie vielleicht manche Erleichterungen bei körperlichen und emotionalen Problemen erfahren, aber eine umfassende und dauerhafte Transformation kann nicht stattfinden. Der Mensch hat schließlich einen freien Willen, und keine Energie der Welt, auch nicht Tachyon, wird ihn je zu seinem Glück zwingen. Christliche Fundamentalisten kritisieren oftmals an der New-Age-Bewegung, daß sie die eigene Anstrengung des Menschen in seiner Suche nach innerem Wachstum und Befreiung in den Vordergrund stellt. Befreiung, so sagen sie, kann uns nur durch die Gnade Gottes zuteil werden. Das ist ja sicherlich zutreffend, und mir ist nicht bekannt, daß ein erleuchteter Mystiker jemals etwas anderes behauptet hätte. Aber wenn wir an einen gütigen Gott glauben, müssen wir auch davon ausgehen, daß dieser seine Gnade gleichmäßig an alle Menschen verteilt. Unser Anteil besteht darin, diese Gnade auch in uns zur Wirkung kommen zu lassen. Was nützt es uns, wenn Gott uns mit seinem Licht füllt und wir es durch eine unbewußte, disharmonische Lebensweise wieder versickern lassen?

Bei der Gestaltung einer naturgemäßen, harmonischen Lebensweise müssen wir eine gute Balance zwischen der Anwendung universal gültiger Prinzipien und der Berücksichtigung unserer Individualität und der sich daraus ergebenden besonderen Bedürfnisse finden. Der einzige Weg zu dieser Balance ist die Versuch-und-Irrtum-Methode. Im folgenden sollen nun die wesentlichen Elemente einer solchen Lebensweise dargelegt werden.

Meditation

Meditation ist ein Thema von zu großer Bedeutung, um in diesem Buch vollständig ignoriert oder vollständig erläutert zu werden. Grundsätzlich ist es wichtig, sich täglich eine gewisse Zeit zu nehmen, um den Geist zur Ruhe kommen zu lassen und das Bewußtsein auf die Seele zu richten. „Das Reich Gottes ist inwendig in euch", heißt es schon in der Bibel, und da lohnt es sich sicher, mal ein wenig nach solchen Schätzen in sich selbst zu suchen.

Zur Meditation brauchen wir einen Platz, an dem wir uns wohl fühlen, wo wir mit aufrechtem Rücken, ohne anzulehnen, sitzen können. Der Sitzplatz kann sich auf einem Stuhl oder auf dem Boden befinden, ganz nach unserem Bedarf für bequemes Sitzen. Wichtig ist ein entspannter Körper und, soweit möglich, Ruhe in der Umgebung, damit wir nicht übermäßig abgelenkt werden. Im allgemeinen wird empfohlen, früh morgens oder vor dem Schlafengehen zu meditieren, aber jede Zeit, die wir uns für die Meditation nehmen können, ist die richtige. Wir sollten nicht mit vollem Magen meditieren, weil dann unsere Energien mit der Assimilation der Nahrung beschäftigt sind und schwerlich auf etwas anderes gerichtet werden können.

Durch Vertikalität wird Meditation leichter und vollständiger, da unser gesamtes Wesen von ihrer Wirkung erfaßt wird. Eine effektive vertikale Meditationsübung, die auch Menschen mit einem horizontalen System sehr gut ausführen können, ist die folgende:

Setzen Sie sich aufrecht und entspannt hin und schließen Sie die Augen. Kommen Sie mit ein paar tiefen, langsamen Atemzügen innerlich zur Ruhe. Dann visualisieren Sie Ihre eigene Seele, z.B. als strahlendes, weißes Licht, oberhalb Ihres Kronen-Chakras. Ziehen Sie nun Ihre Seele mit einem tiefen Atemzug ins Kronen-Chakra. Fühlen Sie, wie sich dieses sanfte und gleichzeitig kraftvolle Licht im Kronen-Chakra ausbreitet. Wenn das gesamte Kronen-Chakra und der obere Teil des Schädels völlig mit dem Licht der Seele erfüllt sind, ziehen Sie es mit einem weiteren tiefen Einatmen ins dritte Auge. Lassen Sie dann dieses Licht im ganzen Kopf verströmen. Das Licht bleibt im Kronen-Chakra, im dritten Auge, und nun dehnen Sie es weiter nach unten aus, indem Sie es mit einem tiefen Atemzug ins Kehlkopf-Chakra ziehen. Fahren Sie auf diese Weise fort, bis das Licht alle Chakras und den gesamten Körper ausfüllt. Fühlen Sie, wie die ewig neue Freude Ihrer Seele Ihr ganzes Wesen erfaßt, und genießen Sie diese Freude in Stille für einige Minuten.

Durch Tachyon-Energie kann Meditation auf vielfältige Art und Weise unterstützt werden. Ein Tachyon-Stirnband, ein tachyonisierter Schal oder eine Glaszelle auf einem bestimmten Chakra können zu tieferen Meditationen beitragen. Tachyonisiertes Wasser und Silicea-Gel machen den Körper empfänglicher für kosmische Energie. Vertikalität, Meditation und Tachyon-Energie ergänzen sich synergistisch zu einer kraftvollen Kombination für eine schnelle und direkte spirituelle Entfaltung.

Leben in Verbundenheit

Alle religiösen Lehren legen großen Wert darauf, Gott in allen Lebewesen zu sehen und in dieser Verbundenheit zu leben. Die Vorstellung, von anderen getrennt zu sein und allein oder sogar gegen andere kämpfend zu seinem Glück finden zu müssen, ist eine der großen Illusionen der materialistischen Lebensauffassung. Eine damit verbundene Illusion besteht in der Vorstellung, Gesetze, politische und gesellschaftliche Systeme könnten Probleme wie soziale Ungerechtigkeit, Armut und Kriminalität lösen. Solange es am Bewußtsein der Verbundenheit fehlt, werden Menschen auch das beste äußere System manipulieren. Erwachen wir dagegen in der Einheit hinter der Vielfalt der Schöpfung, so erkennen wir alle Menschen und alle Wesen als Teile unseres wahren Selbst, und selbstlose Liebe wird zu einer ganz natürlichen Motivation für unser Handeln.

Ein Leben in Verbundenheit zu führen heißt auch, sich über die Auswirkungen der eigenen Lebensweise Gedanken zu machen. Eine der wichtigsten Konsequenzen aus einer solchen Bewußtwerdung besteht für viele Menschen in der Hinwendung zu einer vegetarischen Lebensweise. Vegetarisch zu leben ist ein wertvoller Beitrag zu einer harmonischeren Welt, in der wir Menschen unsere Brüder und Schwestern im Tierreich als gleichwertige Mitgeschöpfe achten und nicht für oberflächlichen Konsum, der zudem unserer Gesundheit und der Umwelt schadet, opfern.

Die oberste und wahrscheinlich auch schwierigste Regel für einen konstruktiven Umgang mit anderen Menschen besteht wohl darin, jeden Menschen ohne Bewertung so anzunehmen und zu lieben, wie er ist. Da ein Zusammenkommen mit anderen meistens in uns vorhandene, ungelöste Emotionen weckt, neigen wir dazu, diese auf den anderen Menschen zu projizieren und ihn entsprechend zu bewerten. Sich von diesem Verhalten zu lösen, indem man die eigenen Knoten im Emotionalkörper löst und jeden Menschen akzeptiert, wie er eben gerade ist, ist ein großes Vorhaben, bei dem sich aber jeder kleine Schritt lohnt.

Vertikalität ist eine große Hilfe, um eine tiefere Verbundenheit mit allem Leben zu erfahren. In einem vertikal ausgerichteten Energiesystem werden wir viel empfänglicher für die Wahrnehmung des innersten Wesens anderer Menschen und für die pulsierende Lebensenergie der Natur. Außerdem erfahren wir in uns eine Vollständigkeit, die äußere Machtkämpfe und ein Ringen um Anerkennung überflüssig macht, so daß wir frei werden, um ein reines Instrument für echte Herzensliebe zu sein.

Richtiger Umgang

In den vedischen Schriften wird der Umgang mit Menschen, die den eigenen spirituellen Fortschritt fördern, als eines der wesentlichen Elemente für ein Vorankommen auf dem geistigen Weg angesehen. Shankara, der große Reformator des Hinduismus, legte seinen Anhängern immer wieder die Wichtigkeit guten Umgangs ans Herz und gründete einen bis heute bestehenden Mönchsorden, der ernsthaften Gottsuchern ein schützendes Umfeld bieten sollte. Die monastische Tradition, die im Christentum, im Hinduismus und Buddhismus besteht, soll den Entsagenden vor weltlichen Verstrickungen und Beeinflussungen durch weltliche Menschen schützen.

Auch wenn es nach wie vor manche Menschen gibt, die zu einem solchen Leben berufen sind, so trifft dies heute nicht mehr auf die Mehrzahl der spirituellen Sucher zu. In einem Zeitalter des globalen Erwachens besteht für die meisten Menschen der richtige Weg wohl eher darin, „in der Welt, aber nicht von der Welt“ zu sein. Mit einem horizontalen Energiesystem ist dies allerdings alles andere als leicht, weil wir in der horizontalen Ausrichtung sehr anfällig für die Einflüsse von anderen Menschen werden. Dies führt in vielen spirituellen Gruppen zur Aufstellung teilweise skurriler und sektiererischer Regeln, die zur Bewahrung der Reinheit dienen sollen. In meinen jahrelangen Erfahrungen mit solchen Gruppen habe ich nicht erkennen können, daß diese Regelzwänge zu echter Reinheit führen, sondern in vielen Fällen zu emotionalen Verkrampfungen, einem völlig irrealen Elitebewußtsein in der Gruppe und aufgestauten, unterdrückten Wünschen, die sich irgendwann entladen.

Echte Reinheit im Denken, Fühlen und Handeln zu erreichen ist natürlich schwierig in einer Welt, in der wir von allen möglichen disharmonischen Einflüssen bombardiert werden. In einem vertikalen Energiesystem aber haben diese Einflüsse nicht mehr die Macht, uns zu verändern und unsere Entwicklung zu bremsen. Ein Umgang mit Menschen, die uns auf unserem Weg inspirieren und Vorbild sein können, ist natürlich auch für vertikale Menschen sehr hilfreich. Durch Vertikalität verlieren wir aber die Anfälligkeit für negative Einflüsse und somit die Angst davor, was zu einer wesentlich größeren Freiheit führt.

Ernährung

Durch die Nahrung, die wir uns zuführen, können wir nicht nur unseren Körper, sondern unser gesamtes energetisches Kontinuum zu einem besseren Supraleiter für kosmische Energie machen. Wichtig dabei ist es, die wahren Ernährungsbedürfnisse des Körpers zu verstehen und zu erfüllen und von den erst durch Werbung und körperliche Vergiftung entstandenen Reizen zu unterscheiden.

Der Mensch ist seiner Anatomie und Physiologie nach ein Vegetarier. Wir haben einen seitlich verschiebbaren Unterkiefer, Schneide- und Mahlzähne, einen alkalischen Speichel, einen langen, verzweigten Darmtrakt, Hautporen und eine im Vergleich zu Raubtieren langsam kontrahierende Muskulatur. All dies sind eindeutige Merkmale eines auf Pflanzenkost ausgerichteten Körpers. Auch unsere Psyche prädestiniert uns nicht zum Fleischesser. Kleine Kinder wollen Tiere streicheln und mit ihnen spielen, anstatt sie aufzureißen und zu fressen. Das Schlachten von Tieren ist uns Menschen sicher nicht angenehm, und Schlachthöfe verstecken wir lieber hinter hohen Mauern. Früchte und Gemüse anzubauen ist dagegen für viele Menschen sogar ein entspannender Zeitvertreib.

Aus gesundheitlicher Sicht ist der Vegetarismus ein sehr großer Gewinn. Amerikanische Studien haben ergeben, daß Vegetarier ein um 90% geringeres Herzinfarktrisiko aufweisen als der Durchschnittsbürger. Japanische Untersuchungen ermittelten für Vegetarierinnen ein 3,6mal geringeres Brustkrebsrisiko, für Vegetarier ein 3,8mal geringeres Prostatakrebsrisiko. Auch Darmkrebs, Magenkrebs, Nierenerkrankungen, Allergien, Neurodermitis und rheumatische Erkrankungen treten bei Vegetariern deutlich seltener auf.

Bei amerikanischen Frauen fand man im Alter von 65 Jahren einen durchschnittlichen Verlust an Knochenmasse von 35%, bei vegetarisch lebenden Frauen war dieser Verlust um mehr als die Hälfte geringer.

Der Grund für diese und viele weitere Vorteile einer vegetarischen Kost liegt u.a. in dem Übermaß an Eiweiß, das durch Fleischnahrung dem Körper zugeführt wird und ihn belastet. Der tatsächliche Eiweißbedarf des Menschen (auch bei körperlicher Arbeit, Sport, in der Schwangerschaft und Stillzeit) ist relativ gering und übersteigt kaum jemals 30-40 Gramm pro Kopf und Tag. Mit Fleisch, Fisch und Geflügel als Grundnahrungsmittel kommt man aber leicht auf eine Eiweißzufuhr von 100-140 Gramm täglich. Diese Überschüsse führen im Organismus zu Stoffwechselprodukten wie Amyloiden und Mucopolysacchariden, die sich in den Kapillaren und extrazellulären Zwischenräumen des Gewebes ablagern und zur Entstehung diverser Krankheiten beitragen. Ein Abbau dieser Ablagerungen von Eiweißmüll geschieht nach den Erkenntnissen von Professor Wendt innerhalb weniger Monate bei einer vegetarischen Ernährung. Wird diese Ernährungsform beibehalten, ist eine wichtige Grundlage für strahlende Gesundheit geschaffen.

Innerhalb einer lebensfördernden, vegetarischen Ernährung nimmt die Rohkost einen besonderen Stellenwert ein. Rohe, naturbelassene Früchte, Gemüse, Keimlinge, Nüsse und Samen sind lebendige Substanz voller Lebenskraft. Ein frischer Apfel kann einen neuen Apfelbaum hervorbringen, ein gekochter Apfel verfault, wenn man ihn in die Erde eingräbt. Energetisch betrachtet stärkt lebendige Nahrung unseren Ätherkörper und die Zell-SOEFs, während erhitzte Nahrung die SOEFs schwächt, da sie mehr Energie zur Assimilation verbraucht, als sie selbst enthält. Auf der chemischen Ebene zerstört das Erhitzen alle Enzyme, die wichtigsten Vitalstoffe in der Nahrung sowie einen Teil der Vitamine. Außerdem entstehen durch Erhitzung artfremde Moleküle (Maillard-Moleküle) in den Nahrungsmitteln, die vom Immunsystem mit großem Aufwand entsorgt werden müssen.

Eine gesundheitserhaltende Ernährung sollte wenigstens 50% Rohkost enthalten, die aufgrund ihrer leichteren Verdaulichkeit vor der gekochten Nahrung gegessen werden sollte. Ein höherer Rohkostanteil erhöht das Energieniveau des Körpers. Reine Rohkost ist eine wunderbare Grundlage zur Heilung zahlreicher chronischer Krankheiten.

Auf welchem Level auch immer sich die Gestaltung der individuellen Ernährung einpendelt, lebendige Nahrung ist in jedem Fall ein essentieller Bestandteil einer gesunden, harmonischen Lebensweise.

Allgemein ist das Kriterium der Naturbelassenheit das wichtigste für die gesunde Ernährung. Dies bedeutet die Bevorzugung biologisch angebauter Lebensmittel und die Vermeidung von stark verarbeiteten Produkten wie Zucker, Auszugsmehl und gehärtete Fette, die ihres natürlichen Vitalstoffgleichgewichts beraubt wurden.

Mit einem vertikalen Energiesystem ist es leicht möglich zu fühlen, wie sich bestimmte Nahrungsmittel auf den Körper auswirken, ohne daß man sie dazu essen muß. Auf diese Weise ist eine individuelle Gestaltung der Ernährung nach den wirklich eigenen Bedürfnissen möglich, und starre Regeln werden überflüssig.

Körperliche Bewegung

Gesunde Ernährung ist für ein harmonisches, starkes energetisches Kontinuum notwendig, aber allein nicht ausreichend. Eine einseitige sitzende Lebensweise ohne ausreichende körperliche Bewegung führt zu Energieblockaden, mangelhafter Durchblutung des Körpers und geistiger Trägheit.

Für eine ausgeglichene Entwicklung ist deshalb ein ausreichendes Maß an körperlichem Training notwendig. Übungssysteme wie Hatha-Yoga, Tai Chi, Qi-Gong, Tao Yoga u.a. harmonisieren und stärken die feinstofflichen Energieströme und das physische Nervensystem und wirken sich sehr positiv auf die allgemeine Verfassung und organische Gesundheit aus. Zusätzlich ist ein aerobes Ausdauertraining, z.B. durch Laufen, schnelles Gehen, Radfahren sehr empfehlenswert. Aerobes Training ist eines der effektivsten Mittel zur körperlichen Entgiftung, zur Verbesserung der Sauerstoffaufnahme und der Gesundheit des Herz-Kreislaufsystems. Dabei ist es wichtig, die Intensität moderat zu halten, denn eine zu intensive Ausdauerbelastung führt zu einem anaeroben Stoffwechsel, in dem der Körper nicht ausreichend Sauerstoff zur Energiebereitstellung aufnehmen kann. Eine anaerobe Stoffwechsellage führt zur Bildung von Milchsäure, Brenztraubensäure, Ammoniak und anderen belastenden Substanzen und ist der Gesundheit langfristig abträglich.

Bei maßvoller Intensität aber, die das Training zur Erholung macht und nicht Erholung notwendig werden läßt, ist Ausdauersport ein Segen für die Gesundheit und das allgemeine Wohlbefinden. Der deutsche Arzt Dr. van Aaken hat bereits in den fünfziger Jahren medizinische Beweise für den Wert des extensiven Lauftraining gesammelt. Damals von vielen Seiten verlacht, ist Dr. van Aakens Pionierarbeit inzwischen von einer Unzahl medizinischer Studien und der praktischen Erfahrung von Millionen Hobbysportlern bestätigt worden.

Ruhe und Erholung

Der Bibel zufolge hat sich sogar Gott einen Tag frei genommen. Kein Wunder, bei dem, was er da so erschaffen hat...

Ruhe ist ein wichtiger Bestandteil eines ausgeglichenen Lebens. Das hört sich banal an, aber das, was die meisten Menschen heutzutage zu ihrer Erholung unternehmen, ist für den Körper und die Psyche alles andere als erholsam. Fernsehen, Disco- und Barbesuche und die vielen anderen Ablenkungen der modernen Konsumwelt belasten uns sehr viel mehr, als uns zu entspannen.

Zu echter Erholung ist regelmäßiger Kontakt mit der Natur notwendig. Sauerstoffreiche Luft entgiftet den

Körper und versorgt den Ätherkörper mit Prana. Sonne aktiviert die Zirbeldrüse und damit die höheren Chakras und energetisiert die Zell-SOEFs und die elektromagnetischen Felder des Körpers. Die vertikale Ausrichtung von Bäumen stärkt unser ganzes System. Die Indianer haben sich zum Krafttanken mit dem Rücken an einen Baum gelehnt, weil sie so kurzfristig vertikal wurden. Bäume zu umarmen oder mit minimaler Bekleidung im Gras zu liegen sind ebenfalls sehr effektive Wege zur Regeneration.

Im Quality-of-One-Seminar lernt man, sich mit dem gesamten Energiesystem eines Baumes zu verbinden, so daß eine Stärkung des gesamten energetischen Kontinuums eintritt, ohne daß der Baum irgendwie geschwächt wird.

Die effektivste Art der Erholung durch Tachyon-Energie ist ein 20-30minütiger Aufenthalt im Cocoon, bei dem der Körper in einem dreidimensionalen, vertikal fließenden Tachyonfeld liegt. Ein sogenannter Cocoon-Ride führt zur Regeneration und Balance des gesamten Energiekörper-Komplexes und ist dadurch sehr wohltuend.

Vertikalität macht unsere wichtigste Erholungsmaßnahme, den Schlaf, wesentlich effizienter. Nach einigen Monaten mit einem vertikalen System sinkt bei den meisten Menschen das Schlafbedürfnis, weil Körper und Gehirn während der Wachperiode weniger entkräftet werden. Außerdem ist es mit Vertikalität leichter, im Schlaf zumindest zeitweise bewußt zu bleiben.

Beziehungen und Sexualität

Solange Menschen mit einem horizontalen Chakra-System leben, suchen sie nach Vollständigkeit in Beziehungen und Sexualität. Der Drang nach dieser Art von Vervollständigung ist so groß, daß er weite Teile unserer Persönlichkeit und unseres Verhaltens formt. In der Werbepsychologie gelten als die drei stärksten anziehenden Reize der Kind-Appeal, der Tier-Appeal und der Sex-Appeal. Kinder und Tiere sind vertikal, Sexualität ist das einzig nicht vertikale, was einen gleichen Reiz ausübt.

Problematisch an der ganzen Sache ist nur der Umstand, daß es nicht funktioniert, sich durch einen Partner zu vervollständigen, wenn man in sich durch ein fragmentiertes Bewußtsein unvollständig ist. Anhaftungen, Besitzansprüche und das Projizieren unrealistischer Idealbilder auf potentielle oder tatsächliche Partner sind die normale Folge. Wirklich reine, bedingungslose Liebe ist nicht möglich, wenn man einen Menschen besitzen will und sich von ihm abhängig macht. Erst Nicht-Anhaftung, innere Freiheit und Vollständigkeit machen die Erfahrung wahrer Liebe möglich. Dies mag den normalen romantischen Vorstellungen widersprechen, aber ein Blick auf den Verlauf, den fast alle normalen Beziehungen nehmen, spricht eine deutliche Sprache. Die größten Liebenden waren nicht Romeo und Julia, sondern Jesus, Franziskus von Assisi, Ramakrishna und andere Heilige, aus deren Herzen bedingungslose Liebe fließen konnte.

Durch Vertikalität finden wir in uns zu der Vollständigkeit, die uns frei von allen Abhängigkeiten macht. Wenn wir dann unsere innere Freude mit einem anderen Menschen teilen, wird dies zu einer großen Bereicherung, die frei von den üblichen Problemen ist. Allerdings hat sich auch gezeigt, daß selbst vertikale Menschen in diesem Bereich manchmal Mühe haben, ihre Vertikalisierung zu vervollständigen und sich von alten Verhaltensmustern zu lösen. Vertikalität gibt die Gelegenheit zu völliger innerer Freiheit, ob wir sie auch nutzen, hängt allein von uns selbst ab.

Im Fluß des Lebens

Stellen Sie sich vor, Sie würden einen Roman mit folgendem Inhalt lesen: Ein Junge wird in eine reiche, glückliche Familie geboren und mit viel Liebe aufgezogen. Er ist der Beste in der Schule, besteht seine Universitätslaufbahn mit Auszeichnung und hat viele Freunde. Seine Karriere verläuft unaufhaltsam, er heiratet die Tochter des Chefs, und gemeinsam haben sie vier gesunde, glückliche Kinder...

Würden Sie von einem solchen Buch mehr lesen als das erste Kapitel?

Ein Leben, in dem alles perfekt ist, würde die Menschen zu Tode langweilen. Die großen Werke der Weltliteratur sind alle gefüllt mit Licht und Schatten, mit Freude und Schmerz, mit Drama und Tragik. Trotzdem fühlen wir uns so richtig gut nach der Lektüre oder einer Theateraufführung von Faust, Hamlet oder dem Götz von Berlichingen. Warum nur? Weil wir zwar voll und ganz mit den Helden des Dramas fühlen, wir die Freude und Tragik nachvollziehen, aber nicht daran festhalten. Schließlich passiert das ganze ja nicht uns selbst, und so haben wir einen Teil in uns, der diesen Gefühlen mit einer gewissen Distanz zuschaut. Wenn wir unserem eigenen Leben auf diese Art zuschauen können, werden wir dadurch wesentlich erfüllter leben. Doch um diesen Zustand mehr und mehr zu erreichen, müssen wir einen Ausgleich zwischen zwei Kräften schaffen, mit denen wir in diese Welt geboren werden.

Jedes neugeborene Baby hat den Drang, bei seiner Mutter zu sein, denn die Mutter ist das einzige, was das Baby schon kennt und ihm ein Gefühl der Sicherheit gibt. Alles Neue, alles Fremde ist potentiell gefährlich. Im Babyalter ist dieser Drang, der nur darauf gerichtet ist, Gefahr und Schmerz zu vermeiden, durchaus sinnvoll, denn ein zu mutiges Baby würde vermutlich nicht lange leben. Irgendwann aber muß sich der andere Drang in uns, der nach

Expansion, nach Überschreiten von Grenzen strebt, mehr entfalten. Doch diese Ausgewogenheit fehlt vielen Menschen, die ihr Leben lang sehr viel mehr tun, um Schmerz zu vermeiden, als sie Dinge tun, um ihr Leben zu erweitern und zu bereichern.

Ein auf die Vermeidung von Schmerz ausgerichtetes Leben ist immer von der Angst geprägt, etwas zu verlieren. Somit besteht eine grundsätzliche Angst vor Veränderung. Man identifiziert sich so sehr mit den derzeitigen Lebensumständen, daß man sein Glück von deren Aufrechterhaltung abhängig macht. Da aber die ganze manifestierte Schöpfung bewegte Energie ist, bleibt nichts im Universum auch nur einen Moment lang so, wie es im Moment zuvor war. Veränderung ist ein Grundprinzip des Lebens. Jeder Versuch, Veränderung zu vermeiden, führt zu Verfall, Entropie, Zerstörung. Wenn man dagegen mit dem Fluß des Lebens mitfließt, indem man alles, was kommt, in sich aufnimmt und nicht daran festhält, kann das Leben zu einer zunehmenden Entfaltung von Freude und Harmonie werden.

Vertikalität ist dabei eine unschätzbare Hilfe, denn in einem vertikalen Energiefluß finden wir viel leichter zu dem Teil in uns, der von allen Veränderungen unberührt bleibt, zu unserem wahren Selbst. In diesem Bewußtsein verankert, sind wir frei, unser grenzenloses inneres Potential aufblühen zu lassen, eine Blüte Gottes im Garten der Schöpfung zu sein.

Eine Welt, in der Frieden herrscht und Liebe das Handeln der Menschen bestimmt, muß keine Utopie bleiben, wenn immer mehr Menschen spirituell erwachen und durch Vertikalität dieses Erwachen beschleunigen, vervollständigen und vollenden. Vertikalität ist für jeden Menschen zugänglich, unabhängig davon, welcher Religion oder spirituellen Lehre er folgt. In allen religiösen Prophezeiungen wird für die kommende Jahrtausendwende ein

Quantensprung in der geistigen Entwicklung der Menschheit vorhergesagt. Solange wir in einem horizontalen System leben, ist ein solcher Quantensprung nur mühsam und durch langwierige Anstrengungen erreichbar. Durch Vertikalität öffnet sich für jeden Menschen, der seine spirituelle Suche ernsthaft verfolgt, die Möglichkeit, in diesem Leben zur Einheit mit Gott und der Schöpfung zurückzukehren und an der Erfüllung der alten Prophezeiungen teilzuhaben.

Bezugsquelle

Tachyon-News
(mit den Terminen der Tachyon-Seminare)
sowie Versandkatalog
der Tachyon-Produkte erhalten Sie bei:

Hans-Nietsch-Verlag
Postfach 100
D-52525 Waldfeucht

Christian Opitz

Gesundheitsexperte und Ernährungswissenschaftler, wurde 1970 in Berlin geboren. Mit einem IQ von 196 Punkten (von maximal 200 möglichen) gilt er als eine der herausragenden Intelligenzbegabungen unserer Zeit. Schon in den ersten Lebensjahren fiel er durch seine phänomenale Intelligenz auf. Vom achten Lebensjahr an beschäftigte er sich intensiv mit Naturwissenschaften, vor allem Biochemie und Atomphysik. Mit zwölf Jahren wandte er sich, aufgrund eigener schwerer Krankheit den Bereichen ganzheitlicher Gesundheit und Ernährung zu.

In den folgenden sieben Jahren entwickelte er bahnbrechende neue Konzepte zum theoretischen Verständnis und zur praktischen Anwendung der Naturgesetze für die Naturheilkunde, Ernährung und ganzheitliche Entwicklung. Seit 1989 verbreitet er seine Erkenntnisse durch unzählige Vorträge im deutschsprachigen Raum und den USA. Am Ende seiner Vorträge stellt sich Christian Opitz den Fragen des Publikums und vermag aufgrund seines fotografischen Gedächtnisses zu nahezu allen Bereichen des Lebens spontan und wissenschaftlich fundiert zu antworten. So konnte er bis heute Tausenden von Menschen zu einer besseren Gesundheit und einem tieferen Verständnis der Ordnungsgesetze des Lebens verhelfen. Als Ehrenpräsident von Earth Save - „Bewahrt die Erde“ e.V., einer ganzheitlichen ökologischen Organisation in Deutschland, bemüht sich Christian Opitz darum, sowohl den einzelnen Menschen wie auch dem Leben auf der Erde insgesamt zu dienen.

„Christian Opitz steht in der Tradition der großen Ernährungspioniere wie Hippokrates, Bircher-Benner, Kollath, Carton, Burger etc. Er ebnet den Weg für eine Ernährungsrevolution, die für unsere Zukunft unabdingbar ist.“

Dr. Christian Tal Schaller,
Mitgründer der „Fondation Soleil“ Genf

Christian Opitz LIVE

Kompaktwissen Ernährung & Gesundheit

Jetzt neu:

6 Audiocassetten im Set zum Sonderpreis von DM 119,-
ÖS 869,- / SFr 112,-

1. Die Gesundheitsrevolution
Bahnbrechende Erkenntnisse über die Rolle der Lebenden Makromoleküle in unserer Ernährung. Der Königsweg zu mehr Gesundheit und Lebensfreude.

2. Ernährung für Kinder und Schwangere
Ratschläge zur Kinderernährung und wie Frauen bereits in der Schwangerschaft die Gesundheit des Kindes und den Verlauf der Geburt positiv beeinflussen können.

3. Welche Ernährung ist die richtige für mich?
Alle wichtigen alternativen Ernährungsformen im Überblick - von der Trennkost bis zur Instincto-Therapie. Ihre Grundlagen, Vorzüge und Nachteile.

4. Neurodermitis, Allergien und Pilzerkrankungen
Die Zahl der Betroffenen wächst rapide an, die Schulmedizin ist ratlos. Dieser Vortrag zeigt den Weg zu einer echten Heilung.

5. Radioaktivität, Elektrosmog und Mikrowellen
Die unterschätzte Gefahr - radioaktive Niedrigstrahlung, Mikrowellenherde, elektromagnetische Felder etc.- und wie wir uns schützen können.

6. Tachyonen - Die heilende Energie der Zukunft
Die neue Technologie des Amerikaners David Wagner macht jetzt die universelle Heilkraft der kosmischen Urenergie für alle Menschen verfügbar.

Spieldauer je 60 Minuten.

Die Cassetten sind auch einzeln zum Preis von je DM 24,- / ÖS 175,- / SFr 22,- erhältlich.

Hans-Nietsch-Verlag · Brabanter Str. 112 · 52525 Waldfeucht

BÜCHER ZUM LESEN & LEBEN

192 Seiten
DM 24,-

:hristian Opitz
:rnährung für Mensch und Erde

Christian Opitz steht in der Traditi-
ın der großen Ernährungspioniere
vie Hyppokrates, Bircher-Benner,
:ollath..."
)r. Schaller,
:ondation Soleil

416 Seiten
DM 38,-

John Robbins
Ernährung für ein neues Jahrtausend

Der Klassiker über gesunde verantwortungsvolle Ernährung *Diet for a New America* jetzt auf deutsch.
„Zutiefst bewegend!"
Washinton Post

136 Seiten
DM 24,-

Andrea Opitz
Köstliche Lebenskraft

Gesund und fit durch lebendige Nahrung! Das Rezeptbuch für den leichten Einstieg in die kreative Rohkostküche von der Suppe bis zum Dessert.

240 Seiten
DM 24,-

'ictor S. Sussmann
ıie vegetarische Alternative

ıesser leben ohne Fleisch - mit die-
er lebendigen, humorvollen Ein-
:ihrung in eine vegetarische Lebens-
veise kein Problem!
in Standardwerk.

80 Seiten
DM 17,-

Urs Hochstrasser-Maharaj
Kinderernährung lebendig & schmackhaft

Alles Wissenswerte über eine optimale Kinderernährung sowie viele leckere Rohkostrezepte für die ersten 7 Lebensjahre.

164 Seiten
DM 12,80

Gastronomieführer für Nichtraucher

Wo Sie rauchfrei/raucharm essen, trinken und übernachten können. Herausgegeben von der Nichtraucher-Initiative Deutschland e.V.

192 Seiten
DM 19,80

:ourmet Natur
it durch Deutschland

ıer Führer zu den Restaurants
nd Hotels mit Naturküche.
1it 600 Tips, wo man vollwertig,
egetarisch und biologisch essen
ehen kann.

128 Seiten
DM 19,80

Dr. Gerhard Steinmüller
Perlen der russischen Volksmedizin

Dr. Steinmüller stellt die russische Volksmedizin vor und zeigt ihre Anwendung bei Krankheiten von der Allergie bis zu Zahnschmerzen.

306 Seiten
DM 38,-

Norbert Claßen
Das Krebsprinzip

Was ist Gesundheit? Was hat Krebs mit unserer heutigen Lebensführung zu tun? Ein hilf- und aufschlußreiches Buch nicht nur für direkt Betroffene.